歴史の勝者にはウラがある

日本人が誤解している戦国史

細說被誤解的日本戰國史

歷史勝利者的黑幕

歷史作家／日本早稻田大學講師
河合敦◎著
林貞嫻◎譯

前言

在日本史中，戰國時代一直很受歡迎，理由不外乎像彗星一像登場的武將們，個性鮮明又充滿魅力，窮盡己身的武力與智謀爭奪天下霸權。或許正是實力至上的時代，人們才會興奮而受吸引。

本書內容寫了這些戰國武將的會戰，雖說登場人物是織田信長、豐臣秀吉、德川家康、上杉謙信、武田信玄、石田三成等大家都熟悉的武將之爭，但本書所描寫的，是鮮為人知、充滿驚奇的會戰，或是征戰背後各種令人意外的事實。

例如被視為戰國最強的上杉謙信，他用比敵方多十倍的軍力去攻打臼井城，卻被一名軍師玩弄於股掌間，最後只能夾著尾巴倉皇撤退。

另外，因為日本小說家——和田龍的時代小說《無用男之城》（のぼうの城）而廣為人知的忍城水攻，不少讀者可能都認為，石田三成是因為「無用男」成田長親的策略，才屈辱地吃下了敗仗吧。

然而史實中的忍城水攻，「無用男」成田長親可說是毫無建樹，石田三成其實是因為令人意外理由才失敗的。

決定天下之主的關原之戰中，當天西軍的大名〈※1〉多數都私通東軍，不是背叛友軍，就是按兵不動，所以在極短時間內，戰爭便有了結果。但另一方面，多數東軍的大名為了自家生存，其實也都是遊走於東西兩軍之間。

大坂之役讓豐臣家滅亡。當時江戶幕府創立超過十年，家康的權力早已穩如磐石，這時應該沒有人會成為秀賴的盟友吧。然而這不過是表面上的看法，實際上，西國之雄毛利輝元和福島正則等勢力，隨時都會見風轉舵倒向豐臣家，轉而對德川造成威脅。

類似這些讀者認為是常識的戰國會戰，大多都不是事實，而本書將揭露這些不為人知的會戰真相以及它們背後的故事。讀過後，一定會翻轉你對戰國會戰或武將原有的印象。

快翻開本書，繼續讀下去吧。

河合　敦

※1　大名，本來是指於地方有勢力的人，後來開始有武士（侍）的時期大約14世紀後開始，則指支配有很多領地及部下的武士。

目錄

第3章　戰國合戰的奇謀巧計

第4章 可恥的愚將們

第5章　為了生存的謀略

第1章 機敏的智謀

小早川隆景

徹頭徹尾的腦力戰！演出嚴島奇襲的謀將

—預測「大內義隆將亡」的人質少年—

嚴島合戰與桶狹間合戰、河越夜襲並稱「戰國三大奇襲戰」，在這場戰役中，人數僅四千人的毛利元就軍在嚴島（現今廣島縣廿日市）發動突襲，成功擊敗陶晴賢的兩萬大軍。

然而，這場戰役與織田信長的桶狹間之戰有著明顯的差異。在桶狹間之戰中，織田信長因為知道今川義元在田樂狹間休整，才決定發動突襲，乃是靠著瞬間的判斷才讓他獲得最後的勝利；而在嚴島合戰中，元就一開始就訂下縝密的計畫，完全是因為運用巧妙的計謀，誘使陶晴賢前往嚴島，並將之殲滅，**所以這場戰役稱為奇襲並不正確，反而應該稱為有計畫的腦力戰。**

毛利元就原本是安芸國（現今廣島縣）的一名國人（有力武士）〈※2〉，以郡山城（現今廣島縣安芸高田市）為據點，透過聯姻與鄰近的國人領主結盟，最後成為類似同國盟主的存在。

但這個時期的中國地方，有出雲（現今島根縣）的尼子氏與周防（現今山口縣）的大內氏這兩大勢力互相抗衡，元就作為大內氏的部將，從享祿元年（一五二八）起就不斷與尼子氏征戰。

天文十一年（一五四二），大內氏的當家義隆想要終結與尼子氏的戰爭，決定發動遠征攻打尼子氏的根據地出雲，但最後卻在尼子氏的地盤吃了大敗戰，嫡養子晴持也因此亡故。

至此之後，義隆彷佛失去了作戰的氣力，接受京都貴族的招攬，沉溺在文化生活中，實際的情形從《大內義隆記》中可見一斑：

「公家郊遊不斷，朝夕遊宴」

義隆的重臣陶晴賢雖屢屢勸誡主君的行為，然而「義隆事務繁多，因日夜遊宴無暇顧及……」《中國治亂記》（中國治乱記）也因為如此，晴賢產生了叛主的念頭，大內氏的家老〈※3〉們也都懷有同樣的心思。

※2 國人，地方豪族。

※3 家老，古代士族或大夫家臣中的長者，也是日本武家家臣團最高的役職，亦是日本江戶時代幕府或藩中的職位。

透過小早川隆景，元就也很清楚義隆的荒唐行為。隆景是元就的三子（參照171頁毛利氏系譜圖），十一歲時過繼到安芸國小早川氏庶房的竹原小早川家。六年後，因為小早川嫡房（沼田家）當家正平戰死，兒子繁平眼盲，在同家重臣元就的授意下，隆景成了嫡房的繼承人。

瀨戶內海沿岸的小早川一族擁有強大的水軍，有了這股勢力的加持，毛利氏的軍事力量又更加壯大。

小早川隆景成為竹原家繼承人的隔年，被送到大內義隆身邊，作為毛利氏的人質。

完成三年的任務回國之後不久，他很肯定地對元就說：

「義隆必亡！」

因為義隆無心政務，又驕奢無度導致人心叛離，可以預測不久的將來會被重臣陶晴賢取而代之。如此正確的情報分析能力，很難想像他是年僅十五歲的少年。

「自幼聰穎過人。」《名將言行錄》（名将言行録）中對隆景也有如此評價，強調他在幼年時期，從小地方就能看出作為智將的潛質，而這位年輕人也正是嚴島合戰中帶領毛利軍迎向勝利的最大功臣。

確實的勝利！兒子讓毛利元就下定決心的一席話

天文二十年（一五五一）八月二十八日，陶晴賢對大內義隆占領的山口發動突襲。襲擊的前四天，陶晴賢對他的結拜兄弟吉川元春透露了襲擊的計畫，並透過書信請對方提供協助。

元春其實是元就的次子，吉川氏是元就妻子的娘家，元就將兒子元春送去當養子，以併吞名族吉川氏。

話說回來，迅速做出回應的毛利一族，為了響應晴賢的行動，也同步奪取了鳥籠山城（現今廣島縣廣島市）、頭崎城（現今廣島縣東廣島市）等大內陣營的城池，最後義隆不敵陶晴賢軍，在大寧寺自刎而亡。

至此之後，元就成了陶氏的部下，並努力擴展自家的勢力。

然而到了天文二十二年（一五五三）十月，石見國（現今島根縣西部）的三本松城主吉見正賴背叛了陶氏，元就收到出兵命令後卻遲遲不回應，其實元就這時候正考慮要和晴賢決裂，起因是旗返城（現今廣島縣三次市三若町）的歸屬問題。

旗反城是江田隆連的根據地。隆連私通尼子陣營，所以在同年十月，元就對這座城發動了攻擊，但這座城建造得非常堅固，雖然最後成功攻陷，卻也傷之慘重。

元就理所當然認為這座城應該納入自己的勢力範圍，但晴賢卻以防堵尼子陣營為由，將旗返劃為直轄的城池，並派心腹江良房榮作為城將（守城的大將）。江良是名揚天下的勇將，這個處置很明顯是晴賢對毛利氏擴張的牽制。

面對這樣的情況，長子隆元勸父親應該起兵，隆景也建議應該積極反抗：

「士兵的人數並不能決定戰爭的勝負，正當的名義才是關鍵，如果能向朝廷請旨，以討伐弒君逆賊的名義出兵，必能確實取得勝利……」

元就因此下定決心，在隔年五月公然反叛陶氏，入侵安芸國佐伯郡（現今廣島縣廿日市市），於一天之內攻下了銀山城、己斐城、草津城及櫻尾城，占領了嚴島，又派兒玉就方進入草津城、桂元澄進入櫻尾城，另外還侵略周防國，並同時勸降陶氏陣營的將領，簡直是勢如破竹。

這時候的晴賢正恰好率領大軍包圍吉見氏所在的三本松城，只好命令周防國山代十三鄉（現今山口縣玖珂郡）的宮川房長去討伐毛利氏。於是宮川率領了三千名士兵，在廿日市西南方名為折敷畑的高台布陣，準備攻擊櫻尾城。

為了與之對抗，毛利軍調動全部兵力，一口氣從四面八方包圍宮川軍，大將房長因為無法抵擋猛烈攻勢而當場陣亡，宮川軍也隨之潰散。陶晴賢大為震驚，於是在八月底與吉見氏談和，之後返回周防山口，開始做遠征的準備。隔年，派出二萬大軍討伐毛利氏，一方面將本陣安置在岩國，另一方面則不斷派遣水軍襲擊毛利陣營的據點，藉此試探發動總攻擊的時機。

元就手中握有的棋子只有為數四千人的兵力，如果晴賢經由陸路進攻他的領地，這麼少的兵力，勝算幾乎是微乎其微，他只能依靠奇策，**想辦法將陶氏大軍引誘到狹窄的嚴島，再發動奇襲一舉消滅**。因此他開始建造嚴島宮之尾的城牆，把這座城當成誘餌，使出各式各樣詭計。

—左右合戰成敗的關鍵——游移的「村上水軍」—

嚴島位在離陸地一．八公里的近海，是南北長十公里，東西寬四公里的小島，因有嚴島神社鎮守，以信仰之島廣為人知，再加上本身擁有天然良港，作為瀨戶內海的要地而興盛，港町也沿著海岸發展開來。

過去大內氏在東征之際曾以此地作為軍港，但由於地形極為險峻，島嶼整體被原始林覆蓋，大軍的行動頗受限制。

為誘使晴賢深入，元就讓己斐豐後守及新里宮內少輔進入宮之尾城。這兩人是背叛陶氏投靠毛利氏的武將，元就故意讓這兩人當城將來刺激晴賢。他還感嘆：

「我修築宮之尾城真是大錯特錯，如果這座城被晴賢奪走，毛利恐怕就會滅亡了……」

並讓他的重臣也這麼說：

「大人不顧我們的反對建造嚴島城真是失策。」

又透過間諜刻意讓晴賢知道這個情報，一切都是為了引誘陶軍上鉤而撒的餌食。

元就打定主意後還命令心腹桂元澄與陶氏私通，元澄因此寄了一封密函給晴賢，建議他攻打宮之尾城，並立誓約定：

「趁著元就渡海前往嚴島救援的空檔，我將親自奪取元就的根據地吉田。」

做到這個地步，終於讓晴賢開始動搖，不顧部分重臣的反對，決意渡海前往嚴島，對宮之尾城發動總攻擊。

此時的陶氏水軍比起毛利水軍有著壓倒性的優勢，即使元就增援嚴島，晴賢也有自信讓毛利船隊全軍覆滅，但這種傲慢正是元就所要的，他想建立可以凌駕陶氏水軍的標竿。

瀨戶內海中的眾多島嶼自古以來就有許多海盜盤據，雖然有像小早川水軍這類歸順大名的宗族，但也有海盜眾只受利益驅使而各自為政，伊予（現今愛媛縣）的村上水軍就是當中勢力最大的海盜眾。村上氏以因島（現今廣島縣尾道市）、來島及能島（兩處皆為現今愛媛縣今治市）為據點，維持相互連結合作的同時，也能各別獨立行動。

這時雖然島眾已經和毛利氏約定會提供支援，但元就仍透過三子隆景積極拉攏來島眾和能島眾。**如果能得到村上水軍的全面協助，毛利水軍的規模將足以和陶氏水軍匹敵，等於已經勝券在握。**

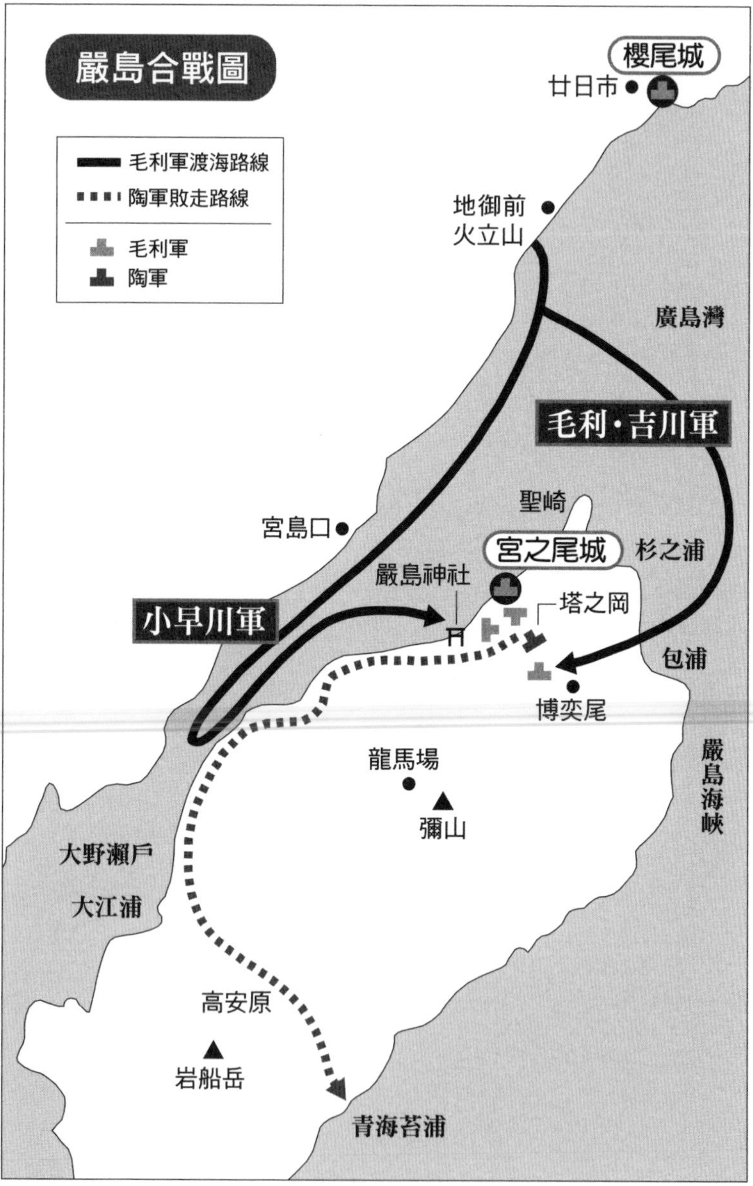
嚴島合戰圖
毛利軍渡海路線
陶軍敗走路線
毛利軍
陶軍
櫻尾城
廿日市
地御前
火立山
廣島灣
毛利・吉川軍
聖崎
宮島口
宮之尾城
杉之浦
嚴島神社
塔之岡
小早川軍
包浦
博奕尾
龍馬場
彌山
嚴島海峽
大野瀨戶
大江浦
高安原
岩船岳
青海苔浦

換言之，合戰的勝負取決於小早川隆景的交涉成果。

隆景派出乃美宗勝作為使者，誠心誠意地請託：

「即使只有一天也好，務必將力量借給我們。」

宗勝是小早川水軍的總大將，也是以勇武聞名的海將，派他作為使者代表著對村上水軍表達最大的敬意。

另一方面，陶晴賢陣營也想拉攏村上一族，但不同於毛利氏，他們只送出了一封大意為「加入我們吧」的信，因為他們有自信地認為，這場戰爭即使不靠海盜的力量也能獲勝，「村上水軍在這種極為不利的情況下，一定不會選擇幫助元就」。

實際上，雖然有隆景的努力，村上水軍確實也遲遲沒有做出任何回應，畢竟對村上水軍來說，要投靠哪方是攸關生死的問題。

─相信村上水軍的隆景──驚人的單獨行動─

天文二十四年（一五五五年）九月二十二日，陶晴賢由五百艘戰船組成的大船隊終於進軍嚴島，源源不絕的士兵開始登陸，兩萬大軍包圍宮之尾城發動攻擊。守城的士兵只有五百人，攻擊開始不過數日，壕溝早已崩壞，守備塔已經傾倒，眼看整座城就要被攻破。

元就心中焦急不止，不斷追問兒子隆景：

「村上水軍的救援還未到嗎？」

雖然村上水軍很欣賞隆景，但海上卻遲遲不見支援的船影。

到了九月二十七日，村上水軍仍未出現，就在這一天，元就寫了封信給隆景：

「宮之城（宮之尾城）看來已非常脆弱，盡早填上尾頸的壕溝吧，各種醜態失誤就不用再提了，現下的情況，已毋須來島（村上水軍來島眾）了」

（〈小早川文書〉）

如果繼續等待村上水軍的救援，宮之尾城將會被擊破，這樣一來，作戰就完全失敗了。現在已用不著村上水軍，只能靠我們自己的力量登陸嚴島，全力一搏，屠盡敵人，盡快率領小早川水軍出發吧！

信中除了表達出元就悲壯的決意，也傳達出對於隆景無法聯合村上水軍的嚴厲譴責。

然而即使在這個時間點，隆景對仍舊深信村上氏會前來，所以他採取了令人難以置信的行動：

「利用漁船作掩護，船上派兩名精銳武士偽裝成漁夫，隆景將藏身船底，在數百艘周防兵（東軍）的戰船間，一邊賣魚一邊慢慢向岸邊靠近，只要到達一定的距離，隆景就能划船上岸，潛入城內。」（〈中國治亂記〉）

他竟想藏在漁船中偷渡到嚴島，潛入宮之尾城，結果：

「城中因此平添助力，痛快至極。」

大大提振了守城士兵的士氣。

隆景相信，再過幾天，村上水軍必定會前來救援，在那之前，無論如何都要守住宮之尾城，因此他甘冒風險也要前往嚴島，潛入城內激勵守城的士兵。

在這之後，隆景又從宮之尾城回到毛利本陣的所在——嚴島對岸的地御前火立山，行動非常大膽。

隔天的二十八日，由村上水軍所組成的兩百艘大船團終於出現在海的遠方，但還不能確定他們屬於哪個陣營，元就緊張得猛吞口水，緊盯著這支船隊的行動。

村上水軍並沒有前往嚴島，而是逐漸靠近對岸元就安置本陣的地御前火立山，這個瞬間，元就樂壞了！

—前後夾擊！政治手段、軍事謀略雙贏的毛利軍—

——九月三十日，這天出現了暴風雨。

在暴風雨中，元就趁著夜色的掩護，將毛利軍一分為二，強行渡海前往嚴島。這怎麼看都是有勇無謀的行為，但為了以稀少的兵力擊敗人數在數倍以上的敵人，即使無謀也只能放手一搏。由元就率領的主力部隊從包浦登陸，準備繞到晴賢本陣所在的塔之岡背後發動突襲。

另一方面，隆景率領的別動水軍則從嚴島的大鳥居，也就是從正面光明正大地前往嚴島；村上水軍則裝成增援的樣子進入港內，以援軍的身分欺敵，大膽登陸，等友軍的信號出現，襲擊陶軍。

陶氏的水軍陸續被毛利軍擊沉，也有人看到情勢不對就轉向毛利軍投降。陶氏大軍背腹受敵，因人數眾多反而亂成一團，甚至出現自己人打自己人的情形，很快就迎向自我毀滅。

敗軍開始向海邊遁逃，卻看到原本應該在港邊停泊的大船隊全被擊沉，且飄離岸邊，陶氏陣營士兵陷入絕望，之後被毛利兵逐一殲滅。

到了這個地步，陶晴賢也放棄了逃跑的念頭，自刎而亡。

小早川隆景在政治手段、軍事謀略上都相當出色，所以讓毛利軍在嚴島合戰漂亮地贏得勝利。之後，毛利元就也才能一舉竄升成為中國的太守。

白井入道

讓謙信用十倍兵力進攻卻吞下敗仗的神祕軍師

─戰國最強？相信「己為神佛」的上杉謙信─

有不少戰國粉認為，戰國武將中實力最強的當屬上杉謙信，確實也是如此，他在生涯的會戰中幾乎沒有敗績。

為何他會如此強大呢？

其中的奧祕或許在於謙信相信自己本身就是神佛。大家應該都知道，上杉軍使用的軍旗上印有「毘」字，這是因為謙信非常崇敬軍神毘沙門天〈※4〉，並且相信自己就是祂的化身。

舉例來說有這樣一則故事：謙信在據點春日山城（現今新潟縣上越市）的一角設有毘沙門堂，交換盟約、誓言或起請文〈※5〉時一定都是在這裡進行。某次鄰國發

※4　毘沙門堂，佛教的護法神，「四大天王」之一（首領）、「二十諸天」中的第三天王。在印度神話中是北方守護神、知識之神、財神，也是很重要的武神，在日本大多寫成「毘沙門天」。

生暴動，急需派出家臣進行間諜任務，因此重臣拜託謙信見證，在堂內進行起請文儀式。

這時候謙信卻說：

「事急從權，若在毘沙門堂舉行會耽誤不少時間，在我面前進行起請文儀式即可。」

當他看出家臣們的遲疑，便下令說：

「因為是我才能請出毘沙門，如果沒有我，毘沙門也不會回應，就把我當成毘沙門，在我面前進行起請文儀式吧！」

像他這樣深信自己是神佛的人，基本上不會害怕任何事物。

永祿四年（一五六一）三月，謙信從根據地越後（現今新潟縣）越過三國峠，準備包圍正在侵略關東平野的後北條氏的本城小田原城（現今神奈川縣小田原市）。小田原城是天下知名的堅固城池，遲遲無法攻陷，使友軍的士氣日漸低迷。

這時謙信又做出了驚人之舉。他故意策馬前往城門邊，下馬之後坐了下來，悠哉地吃起便當。小田原城的守兵當然不會放過敵將，立刻做出猛烈的炮擊。

但不知是什麼緣故，一發砲彈都沒有打中謙信，他把飯全部吃完之後，還喝了

※5 起請文，日本古代的文書之一，用作建立約定時，向神佛起誓不打破約定的文書。

三杯茶，才從容不迫地離開。因為這樣，攻城軍的士氣瞬間高漲。

除此之外，上杉謙信這個人的有趣之處，在於他極度重視「倫理」。倫理也可以代換成正義或道理，而謙信所信奉的倫理，則是要結束戰國的亂世，回復原本的秩序。

過去在關東地方設有室町幕府的地方機關鎌倉府，在位於頂端的鎌倉公方之下，有關東管領輔佐管理旗下的武士，但進入戰國時代之後，鎌倉公方的血脈被後北條氏取而代之，關東管領上杉憲政也在天文二十一年（一五五二），被後北條氏逐出關東。

上杉憲政後來投靠越後的謙信，立刻被他的人品所吸引，便將上杉氏的家名與關東管領的職位委讓給謙信。之後謙信穿越三國峠，屢屢入侵關東平野，都是為了要打倒後北條氏，回復舊時的秩序，落實他作為關東管領的「倫理」。

永祿九年（一五六六）也是如此。上杉謙信派出大軍入侵關東，陸續攻落後北條陣營的城池，以一萬五千人的大軍包圍下總國的臼井城（現今千葉縣佐倉市）。**這座城的守軍只有二千人，但謙信不但攻城失敗吃了大敗戰，最後還夾著尾巴落荒而逃。**因為實在是非常丟臉，所以這場戰役並沒有記載在《謙信公御年譜》（謙信的傳記）中。

接下來就詳細介紹這場鮮為人知的臼井城之戰。

城破在即！在千鈞一髮之際登場的名軍師

現今臼井城址（主郭部）的本丸〈※6〉與二之丸已經變成公園，被一整片草坪覆蓋，設有公廁和公園椅，是非常適合散步的路線，乍看之下很難想像這是一座城。本丸與二之丸之間現在還有寬闊的空壕溝分隔，雖然只留下土壘，仍顯示出這裡曾是城郭內。

站在本丸所在，眼前的印旛沼像海一般一望無際，從空中鳥瞰，可以看出城址是三面陡峭的舌狀台地。外牆環繞著主郭部，城下則有市川道、布佐道、佐倉道、千葉道互相連接。

永久二年（一一一四），在這塊土地上的千葉氏一族，由臼井長康開始建築館舍，到了十四世紀初，由臼井興胤對城郭進行改建，才誕生出臼井城。

謙信兵臨城下之時，這座城的支配者並非臼井氏，而是原胤貞。臼井城主臼

※6　本丸，指日本城堡的核心曲輪，日本的中世考古學中稱作主郭。

井景胤在弘治三（一五五七）年過世，將年幼的兒子久胤託孤給他信賴的原胤貞。原胤貞接受了請託，可以任意出入臼井城之後，便開始有技巧地攏絡收買家臣，最後將久胤趕出去。

當時原胤貞的勢力大到凌駕千葉氏的本家，於是成為後北條氏的有力家臣。再回到永祿九年（一五六六），上杉謙信越過三國峠，動員了關東諸將，聚集了大軍，以迅雷不及掩耳的速度，揮軍南下平野，擊潰常陸小田城（現今茨城縣筑波市），侵略了下總小金城（現今千葉縣松戶市）。之後的同年三月上旬，則以一萬五千大軍包圍臼井城。

原胤貞雖然向千葉氏與後北條氏求援，但千葉氏擔心謙信真正的目標是本佐倉城（千葉氏的本城）而非臼井城，所以只派了一小隊人馬前往臼井城。另一方面，後北條氏也因正傾全力和安房（現今千葉縣南端）的里見氏作戰，只能派出松田孫太郎等一百五十人左右的援軍。

城中的士兵包含全部的援軍還不到兩千人，對手又是令人聞風喪膽的軍神上杉謙信，任誰來看都是一場沒有勝算的戰爭。

為這場戰爭帶來奇蹟式勝利的，是一位名為白井入道淨三（又稱胤治）的軍

上杉謙信的關東侵略圖〔永祿九年（1566）〕

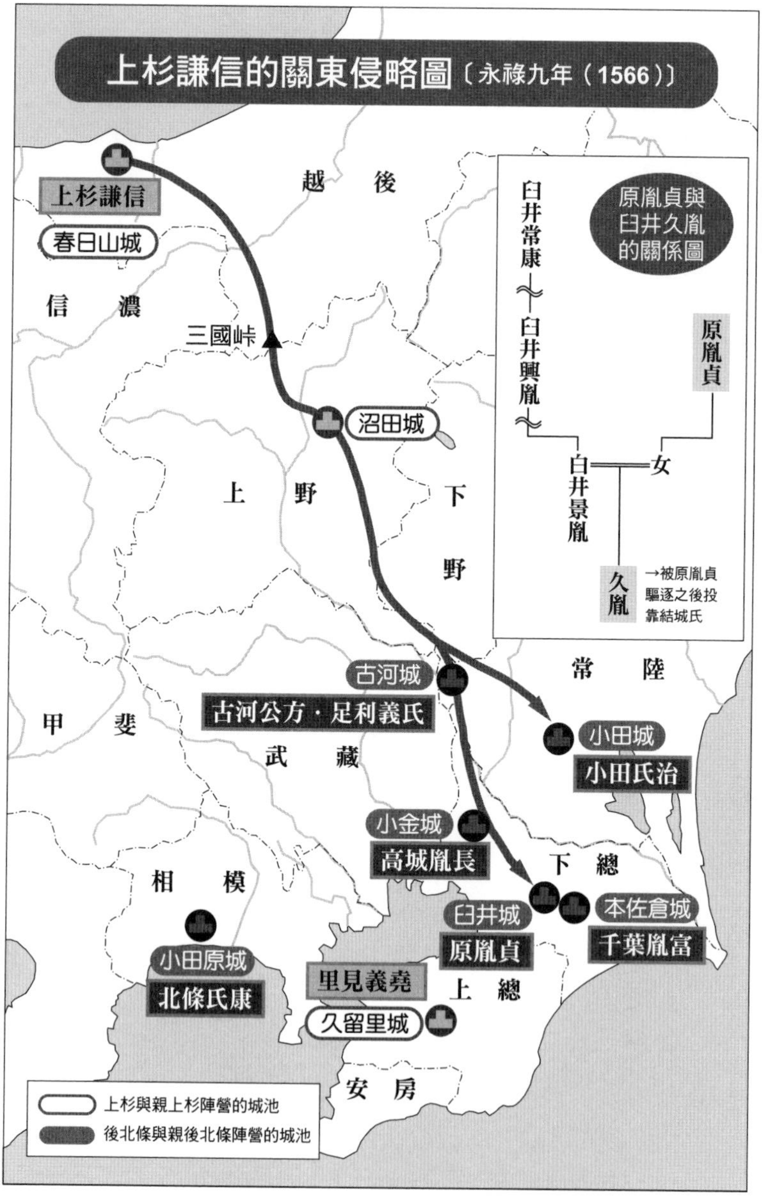

師。他的出生已不可考，有一個說法認為他是千葉氏的旁支，是千葉氏利胤、親胤、富胤三代的軍師。

另一個說法是，他被三好三人眾的三好日向守聘任為參謀，隨後為了進行武者修行，才南下到關東一帶。不論如何，白井道人剛好在城內，並大大改變了戰爭的形勢。

同時，兵臨城下的上杉軍，不分晝夜，不斷以波狀攻擊的方式對臼井城發動猛攻，到了三月二十日，壕溝只剩下一重，可說是危在旦夕。

長尾景長（謙信的重臣）也寫信向下野足利（現今栃木縣足利市）的千手院報告說：

「臼井之地，主城郭的壕溝只餘一重，友軍大量集結，晝夜不休攻擊，破城指日可待。」

現在已經到了生死關頭，臼井城的命數似乎只剩下幾日。

在這種情況下，被城主原胤貞交付指揮權的白景道人將城中的士兵聚集在一起，公然地說：

「如今雖然大敵當前，但毋須害怕，敵陣上方的氣息，怎麼看都只有殺

氣，不久就會從囚老方位消失；而我方陣營中的軍氣，全都是正氣，往王相方位消退之時，敵軍必敗無疑。」（《北條記》）

軍師自信滿滿的態度贏得了將士的信賴，大幅提升原本低迷的士氣。

戰國時代的軍師並不只是向大將提供戰略或戰術，透過氣的流動、天候、天體、方位、日期等判斷吉凶也是重要工作的一環，特別是在戰況失利的時候，要將一切都往自家軍隊有利的方向解釋，負責提振友軍的士氣。白井道人的做法在鼓勵守城士兵的同時，也巧妙地凝聚了士氣，不盲目攻擊，靜待適合的時機。

—把焦急的上杉軍玩弄於股掌間的作戰指揮—

三月二十三日，上杉謙信終於下令發動總攻擊：

「這種程度的小城，沒什麼了不起，只要一次的攻擊就能摧毀它。」（《北條記》）

因此上杉軍開始向前推進，並眼看城將被攻下而感到安心，所以一時間，上杉軍鬆懈了下來。白井入道沒有放過敵軍鬆懈的機會，**在敵人全面進攻的時候竟然大**

開城門，嚴令城內士兵傾巢而出，一邊高聲吶喊，一邊衝入敵陣。

由原大藏丞和高城胤辰率領的原軍先鋒軍，以集中突破的方式衝入敵陣，當先鋒的攻擊出現頹勢，就由第二波的平山某和久井某等人補上，擴大敵方缺口，而由松田孫太郎和佐久間某所率領的第三波則只差一點就能攻入謙信的本營。由此可見，白井入道的作戰方式是不管小兵，而是集中打開一個缺口，突進謙信的本營，直接奪取大將首級。

在這波作戰中，松田孫太郎表現得勇猛異常。他騎在漆黑的巨馬上帶頭衝刺，揮著長刀斬殺湧來的敵人，刀刃鈍了，就改用長刀柄將敵人從馬上擊落，甚至有傳言說他空手扭斷敵人的脖子。因為他穿著大紅色的鎧甲，人們稱他為「赤鬼」，而他這一天的表現確實不負他的鬼神之名。

在猛攻之下，上杉軍不得已只好先行退卻。時近黃昏，臼井城兵也沒有繼續追擊，而暫時退回城內。換句話說，這場戰鬥最終是由守城的一方獲勝。

隔天，謙信做了萬全的準備，在本陣迎接敵人的攻擊，但等候許久，卻遲遲不見敵人有任何動靜，謙信感到奇怪，便問旁邊的海野隼人正：

「昨天取得那麼大的勝利，敵人為何不趁勝追擊？是已經筋疲力盡了嗎？還是因為討厭今日的風雨？」

海野回答：「今天是千悔日，如果比他人先採取行動通常會以失敗收場，敵方陣營有白井入道淨三這位名軍師，這恐怕是他的指示。今天對方應該不會主動出擊。」

令人驚訝的是，海野竟然知道白井入道在城內。

這恐怕是守城方為了對敵人施壓，故意向上杉陣營透漏名軍師的存在，如果真是如此，就是很巧妙的情報戰術。

海野的猜測完全正確，白井入道確實以今天日子不好為由，阻止了想要戰鬥而蠢蠢欲動的士兵。另一方面，被擺了一道的謙信馬上命令部下出擊，作為先鋒的長尾顯長指揮部隊毀掉城前的拒馬〈※7〉，越過壕溝向大手門〈※8〉逼近。

這時候發生了奇怪的事情，城壁突然崩壞倒塌，剛好在城壁下方的數百名上杉兵，瞬間被活活壓死——這當然也是白井入道設下的陷阱。

謙信驚訝不已，吹起了法螺命令全軍撤退。士兵收到命令後開始退卻，就在這時，城內的守軍又再次傾巢而出。白井入道判斷這是好機會，所以命令城兵發動總攻擊，於是蓄勢待發的士兵興奮地衝出城外，緊咬著上杉軍的殿軍〈※9〉。

※7　老馬，尖銳樹枝交錯製成的路障，用以防禦。

※8　大手門，設置於二之丸或三之丸的門，相當於正門。

※9　殿軍，軍事用語之一，指軍隊後退時，列於最後尾的部隊。

──二條城會見──軍師的占卜與豐臣家的存亡──

戰爭靠的不是人數而是氣勢。

上杉軍因此一敗塗地，雖然撤退逃走，但被臼井城俘虜的士兵則一一被斬首。不過因為上杉陣營的北條長國與新發田治長努力鞭策友軍及開始防守，所以城兵並未窮追不捨，而是撤回城內。

後北條方的古河公方足利義氏宣稱，這場戰役中，上杉陣營的死傷將近五千人，讓上杉謙信元氣大傷。

「再繼續攻城只會增加無謂的犧牲。」

謙信如此判斷，最後放棄攻打臼井城，解除包圍，開始撤退。

白井入道以稀少的兵力成功擊退猛將，但在這之後卻行蹤成謎。

接著過了四十多年，慶長十六年（一六一一），德川家康要見豐臣秀賴，淀殿（秀賴的生母）請軍師占卜，想確認是否應該同意這次的會見。軍師占卜後對這次會見得出的結論是「凶」，在淀殿得知結果之前，豐臣家的家老片桐且元把凶改寫成「吉」，促成了兩人在二條城的會見。

之後又過了數年，豐臣家因大坂之役滅亡。讓家康下定決心毀滅同家的原因，應該是因為在這次會見中，看到秀賴長成了出色的青年讓他感到恐懼吧。**如果淀殿看到真正的占卜結果，沒有同意二條城的會見，豐臣家說不定還會繼續長存。**

順帶一提，那位軍師的名字是白井龍伯，白井入道有著侍奉豐臣家的傳統，這個人物說不定就是過去的白井入道，或者也可能是他的子孫呢。

前田利長

精打細算的北陸地區「關原之戰」求生術

—阻止其父利家「暗殺家康」的人子—

慶長三年（一五九八）八月，豐臣秀吉逝世，德川家康的態度也從這個時候開始轉變。他原本深受秀吉信任，被視為是耿介之臣，過去一直以五大老〈※10〉之長的身分支撐著豐臣政權，可現在卻私下與伊達政宗、福島正則等大名聯姻，對各大名論功行賞時，更是獨斷專行，毫不掩飾他想藉此分化豐臣政權，剷除異己，進而稱霸天下的意圖。

幸而石田三成推舉出了五大老之一的前田利家，由於他的活躍，讓家康的奸計無法得逞。而利家之所以會被當成對手推派出來，除了實力僅次於家康，更重要的是他本身是幼主秀賴的輔政者，對家康的驕橫當然不能置若罔聞。因此利家在三大

※10　五大老，豐臣秀吉政權末期制定的職務，豐臣家政權下六個有力的大名擔任，但因為小早川隆景在豐臣秀吉過世前便病故，所以最後只有五人。

老和五奉行〈※11〉的授意下，在隔年正月，以詰問使的身分被派到家康身邊，對他的行為進行彈劾。

但這麼一來，情勢一下子就變得非常緊繃，知道這件事的武將如池田輝政、黑田長政、藤堂高虎等人，立刻趕赴家康位於伏見的宅邸；另一方面，利家這邊則有小西行長、長宗我部盛親、細川忠興、加藤清正、淺野幸長等將領集結。

情勢幾乎到了一觸即發的地步，最後還是家康讓步，立下了誓言，才迴避了衝突。可能也是他判斷取得天下的時機尚未成熟，畢竟支持前田利家的人出乎意料的多。然而，在離這次對立僅三個月的閏三月三日，前田利家就因病過世，此後政治勢力的天秤完全倒向家康這一邊。

事實上，利家過世前一個月，家康曾以探病為由前往前田宅邸，這時候的利家當然也試圖暗殺家康，還將計畫告知嫡子利長、次子利政與部分重臣。

終於到了家康來訪之時，利家向長子利長慎重地確認：

「知道該怎麼做吧？」

不想利長卻答非所問：「是，招待家康大人的宴席，已仔細吩咐好家臣。」

利家對於這個回答非常失望，只好斷了暗殺的念頭。待家康離開之後，利家又

※11　五奉行，安土桃山時代豐臣政權時期制定的職務，負責政權運作的工作。

把利長叫來，拿出被褥下的小刀，嘆氣道：

「如果你有膽量，我今天就能用這個解決家康，可惜你終究沒有統一天下的器量。」

又說：「我已經把你託付給家康，你就安心吧！」

但利家其實誤會了，利長為了阻止他，才故意在他面前答非所問。因為利長深信，家康會成為天下之主。

又過了半年，在慶長四年（一五九九）八月底，在家康的推薦之下，利長回到領國金澤，同樣身為五大老的上杉景勝、毛利輝元、宇喜多秀家也各自回國，變成只有家康留在大坂輔佐秀賴。

九月七日，身為五奉行的增田長盛與長束正家去見了家康，對他告密：

「前田利長、淺野長政與大野治長正在合謀，想要暗殺您！」

這個情報大大取悅了家康，他一直尋找可作為誘發政權分裂的契機，因此考慮要塑造一位反叛豐臣家的惡將，再以秀賴的名義進行討伐，藉此炫耀自身的武力，讓其他將領屈服。到了這個時候，不滿家康執意出兵的人可能會聚集在一起反過來對付他，只要將這些人全部打倒，他就能稱霸天下。這正是家康為了成為天下之主所設計的劇本，而他已經找到了適合的人選。

他立刻展開討伐加賀的計劃，並召見領地與利長相鄰的小松城主（現今石川縣小松市）丹羽長重，授予他名匠吉光製作的小刀，並拜託他：

「利長意圖謀反，快回到你的領地，幫我監視前田家的動向。」

另一方面，利長得知家康動向後，對這意想不到的事態感到非常震驚，立刻派重臣横山大膳前往大坂，努力辯解、謝罪，並將生母芳春院送去當人質——這也是前田家第一次將證人（人質）送到江戶。

此外，利長還約定讓嫡子利常迎娶德川秀忠的女兒珠姬為妻。在家康面前如此卑躬屈膝，使家康不得不原諒他。取而代之的是，在隔年慶長五年（一六〇〇）六月，會津的上杉景勝圖謀反叛，家康親自帶著五萬六千人的大軍離開大坂。

一般的看法是，家康原本就期待留守在大坂的石田三成會起兵叛逆。而正如他所期待的，七月二十四日，在下野國小山（現今栃木縣小山市）的陣地中，家康得知了三成舉兵的消息。

東軍還是西軍？——前田軍在北陸的反常行動

在這之前，前田利長預計前往會津（福島縣），家康拜託他：

「率領北陸諸將從越後津川口攻入上杉的領地。」

利長將家康的要求轉達給周邊的大名，催請他們一同出兵，但其中丹羽長重卻始終不回應，原因是長重對家康沒有親自拜託他出兵感到不對勁。他懷疑前年監視前田家的事件讓利長對他懷恨在心，利長想引自己出兵然後加以殺害，所以他決定拒絕邀請。

真實情況到底如何我們不得而知，但發生這件事的同時，北陸也收到石田三成舉兵的情報。而在七月二十六日，利長率領兩萬五千人從金澤出發。

出兵之前，前田家召開了軍事會議，討論要加入家康陣營（東軍）還是石田陣營（西軍）。

令人意外的是，在這個時間點，前田家尚未決定要加入哪一方。這時候的利長以母親在江戶當人質為由，試圖說服家臣們加入東軍。順帶一提，家臣團會如此猶豫不決，應該是因為西軍的兵力高達十萬人，這個數量非常驚人，遠遠超過東軍的人數。

西軍實際的領袖是石田三成，他本身不過是一位俸祿十九萬石的大名，但是卻得到中國太守大老——毛利輝元的支持，並提出「內府過失條文」，向諸大名公告，條理清晰地指控家康的罪狀，並表達對秀賴的忠義。如果只看這份文書，明顯會認為三成是正義的一方，而且就道義來說，西軍的諸將也不得不同意他的看法。

前田軍避開動向不明的丹羽長重所在的小松城，繞了遠路往南圍攻山口宗永駐守的大聖寺城（現今石川縣加賀市）。八月二日開始發動總攻擊，因為守兵只有一千人左右，所以隔天很輕易地就攻破，宗永父子最後都自殺身亡。

前田軍又繼續南進攻打越前國，然而卻在八月五日，又突然調頭返回金澤，這個舉動完全令人摸不著頭緒。利長在寫給家臣的書信中解釋了他的理由：

「德川陣營為了救援伏見城已經出兵，但八月一日收到城破的消息，從堀直政那裡也收到越後爆發動亂的聯絡，所以才會撤退。」

另有一個常見的說法，是利長收到西軍的敦賀城主（現今福井縣敦賀市）大谷吉繼要從海上突襲金澤的情報，他才突然撤軍。不過，在出兵的當下，利長應該也布置了萬全的防禦體制，會因為敵襲的傳言就匆匆返回其實相當不自然。

關原之戰中前田家的動向〈慶長五年（1600）〉

❶ 7 月 26 日，由金澤出發的利長軍與從七尾城出發的利政軍，繞過動向不明的丹羽長重據點小松城，在 8 月 3 日，攻打山口宗永駐守的大聖寺城

❷ 8 月 5 日，繼續南下，看似要侵略越前，卻突然回頭

❸ 8 月 8 日，利長軍的獨立部隊在小松城東方與丹羽長重交戰。利長軍本隊與利政軍則避開小松城，回到自己的領國

❹之後利政軍在七尾城待機

❺ 9 月 11 日，利長只帶著自己的軍隊再度攻打越前，結果沒有趕上 15 日的關原之戰

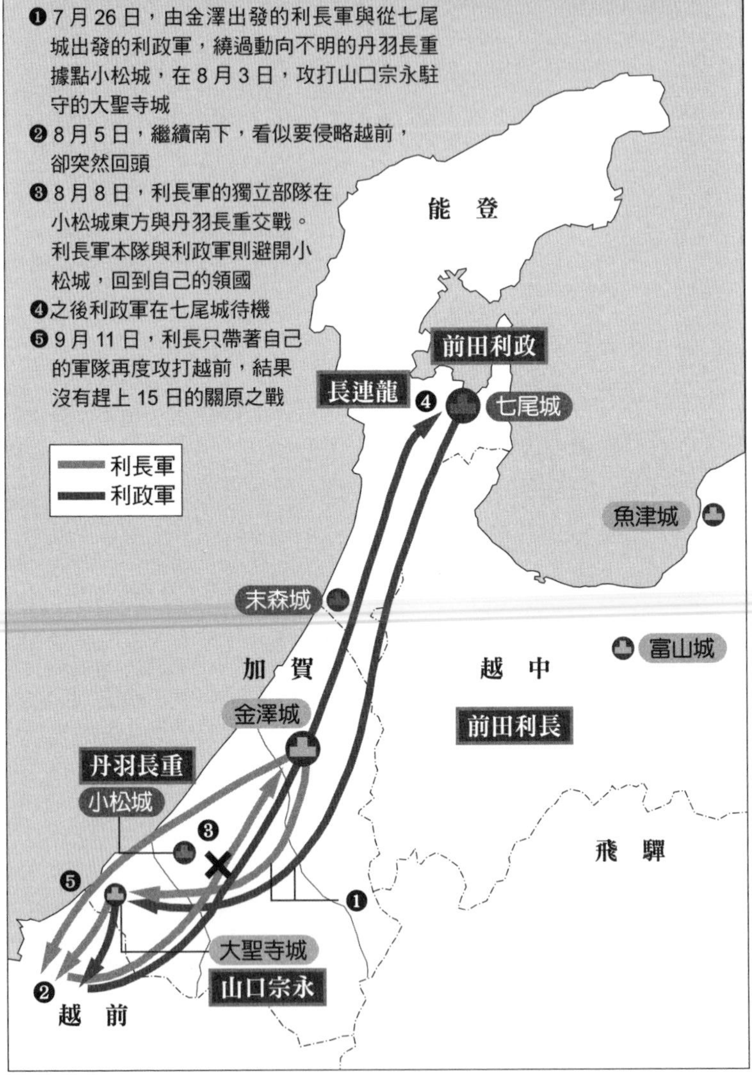

當時，在東海以西，西軍包圍了東軍諸城，展現出壓倒性的優勢；東軍的前鋒福島正則、黑田長政、池田輝政、細川忠興等都還在下野國小山，尚未調頭返回。另外在八月一日，德川家康上方據點的伏見城（現今京都市伏見區）也被攻陷了。

在前田家的顯貴世家與重臣之間，一直都瀰漫著濃厚的反德川氛圍，因此強烈主張在東軍戰況接連失利的情況下，先返回城內靜觀形勢，才是維持家族存續的最好選擇，而這並不代表他們改變了原本的方針。

—真的是西軍嗎？受到挑撥的丹羽長重—

總而言之，利長沿著原路返回，但這時他卻將軍隊分為本隊和獨立行動的部隊。本隊繞過小松城向金澤前進，獨立部隊則從小松城附近經過。

這麼做的目的看似為了牽制丹羽長重，好讓本隊可以安全返回金澤，但其實很難令人信服，因為獨立部隊的人數很少，好像故意派去讓敵人追擊。實際上，長重真的以為前田軍攻過來了，所以派了長連龍隊去襲擊蹂躪完自己領地就跑的前田軍（獨立部隊）殿軍。

利長回城之後立刻開始修建金澤城外郭的壕溝，加強對丹羽長重的防禦。

「近期將攻下小松城！」

雖然利長在寫給東軍諸將的信件中公然這麼表示，但實際上卻按兵不動。

在這裡有一個疑問，小松城主丹羽長重真的像一般人所說，是屬於西軍嗎？

後世寫成的《小松軍記》中確實有這樣的記載，但長重一直跟家康走得很近，前田軍攻擊西軍的大聖寺城時，他也沒有出兵救援。關原之戰後，長重被沒收了領地，理由是「東軍利長對我心懷怨恨，利用戰爭來陷害我。」

換句話說，他其實是想支持家康，因為跟利長不和，才在無法表明態度的情況下和利長兵刃相向。但那不過是順勢而為，並沒有計畫要真打。不，這根本不是什麼順勢，而是受到前田的挑撥，掉入了陷阱！

為什麼利長要挑撥長重呢？**當然是為了刻意製造出與丹羽氏敵對的情況，表現出自己軍隊一定要固守在金澤的樣子，才能靜觀事態變化。**

另一方面，家康其實希望擁有二萬五千人的前田軍能和東軍的前鋒會合，加入攻擊美濃（現今岐阜縣），所以一邊催促利長出兵，一邊希望說服丹羽長重與前田家議和。

對長重來說，他不過是因為領地被侵犯才出兵應戰，根本沒有想與家康為敵，所以他爽快答應了家康的要求，很快在八月二十二日就清楚表示和解的意願。但是在八月末這個時間點，前田軍有可能已經出兵。

一利長的辯解！即使「西軍勝利」也會被原諒一

利長一直到九月十一日之前都遲遲沒有動靜，最後甚至趕不上十五日的關原之戰。利長把跟丹羽氏合解之後仍不出兵的理由，歸咎於弟弟利政的過錯。

前田利政是領有俸祿二十二萬石的能登七尾城主（現今石川縣七尾市），當初雖然跟隨兄長攻打大聖寺城，但之後卻態度轉硬，拒絕前往美濃。

根據《改正三河後風土記》所載，他曾收到石田三成的密函，思及大義而想要變節歸順西軍。另外《象賢記略》也記載：「其妻在大坂當西軍的人質，無法支持東軍」。

利長為了說服任性的弟弟花了好幾天，到了九月十一日才在沒有他的情況下出兵，「因此沒有趕上十五日的合戰」利長如此向家康解釋。

然而實際情況卻是利長誤判了戰爭的形勢。畢竟是決定天下局勢的戰爭，他認為至少會持續一個月，或甚至是數個月，沒有任何武將料到竟然在半天之內就定出勝負，所以利長為了彌補，只能盡快採取對自己有利的行動。

可是他的行為不論怎看都非常丟臉，但家康卻表示很欣賞北陸前田利長的行動，在戰後論功行賞時，沒收丹羽氏、山口氏原本的領地，以及利政的能登四郡，並將之都賜給了利長。因為這樣，利長成了俸祿一百三十萬石的大大名。

雖然歷史沒有「如果」，但假如西軍獲勝，前田家又會如何呢？**利政表明支持西軍，所以他的領地應該會安然無事吧。而利長如果辯稱：「雖然攻打了大聖寺城，但為了拒絕家康，一直待在金澤禁足反省。」如此大概會被原諒吧！**

前田家就這樣藉著縝密的計算與巧妙的行動，安然度過決定天下局勢的動盪時期。戰後，利長將父親時代與家康暗殺計畫有關的重臣逐一拔除，並將家中的反德川分子一掃而空。

另一方面，利政的子孫被授予一萬一千石俸祿，待遇等同於重臣，並擔任藩政中樞的職務，這應算是對利政犧牲的補償吧。至於利政本人，雖然家康或豐臣秀賴都曾招攬他作為直屬家臣，但他都沒有接受，反而每天在京都嵯峨過著悠然自得的生活，直到寬永十年（一六八八）過世。

決定天下之主的關原之戰中，德川家康的勝利並不是一開始就註定的，原本兩軍是不分上下，正因如此，從前田家的例子可以知道，多數的戰國大名為了家族的存續，父子或兄弟其實都是分屬於東西軍。

第2章 意外戰敗的祕聞

三方原之戰

最大的敵人竟是自己人？讓家康大敗的不良家臣團

—家康為何要挑戰武田軍？—

德川美術館（愛知縣名古屋市）所收藏的德川肖像畫中，有一幅畫名為〈德川家康三方原戰役畫像〉，又稱「顰像」〈※12〉。一般對家康的印象多半是福態的老人，但這幅畫中的形象卻很不一樣。

家康露出牙齒用力咬著下唇，瞪大的雙眼中布滿血絲，眼窩深陷，眉頭深鎖，很明顯可以看出來是張憔悴的人臉。

這幅畫是在名為三方原（現今靜岡縣濱松市三方原町）的台地中挑戰武田信玄大軍大失敗後，家康逃回濱松城的樣子。當時他飽受驚嚇，逃亡過程中甚至在馬上大便失禁。

※12 顰像：三方原之戰後，德川家康要求畫師繪畫一幅愁眉苦臉的畫像，後世稱為「顰像」。

家康平安回到濱松城後，立刻叫來了畫師，命令對方畫下自己悲慘的樣子。據說這幅顰像完成之後家康一直放在身邊，時時用來提醒自己切勿驕傲自滿。

聽到這個逸聞，應該會讓人想稱讚他「不愧是將來的天下之主啊！」但家康挑戰人數比自軍多了一倍的大軍，這個判斷讓人覺得奇怪。與武田軍的二萬五千人相比，家康陣營就算加入織田信長的援軍也不過是一萬一千人，一開始就是沒有勝算的無謀戰役。

就算是自己的領地被侵犯，但信玄的目的地是京都，所以只要家康守在濱松城這座堅城之內，基本上安全無虞。儘管如此，家康為何還是決定要出城應戰呢？

本篇將試著解開這個謎團。

時間先回到三方原之戰的五年前。永祿十一年（一五六八）十二月，德川家康開始侵略今川氏真所領有的遠江國（現今靜岡縣的一部分）。這時候的家康與武田信玄合謀，都派了大軍侵入駿河國（現今靜岡縣的一部分）。

家康包圍了今川氏真所在的掛川城，隔年五月，氏真投降，家康沒有殺他而是將他驅逐到北條氏康那裡。這樣一來，遠江國便成了德川氏的領地，駿河國則屬於武田氏，今川氏實際上則已被消滅。

隔年的元龜元年（一五七〇），家康將根據地從三河（現今愛知縣東部）的岡崎移到遠江國，開始在濱松地方修築堅固且巨大的居城，展現出想完全掌握這塊新領地的雄心。

但到了隔年，戰國的地圖有了大幅改變，領有南關東的北條氏康在十月過世。氏康原本與今川、武田結成三國同盟，但因為他對信玄破壞同盟、消滅今川氏一事感到憤怒而取消了同盟，轉而和越後的上杉謙信結盟，想藉此折磨信玄。不過，氏康在臨死之際，又在給後繼者氏政的遺言中提到要再次和武田氏和好。因此武田和北條又再次結成同盟，讓信玄不再受到來自東方的威脅。

就在這個時候，掌控畿內（關西地方）的織田信長陷入危機，與信長不和的室町幕府十五代大將軍足利義昭發送密信給諸大名，計劃要包圍信長。石山本願寺的顯如、近江（現今滋賀縣）的淺井長政、越前的朝倉義景等人都響應了這個計劃，明確地立起反信長的旗幟。

在這之前，信玄與信長是姻親，所以一直與織田氏保持著友好的關係，但因為接受了將軍義昭的招攬，便有了要和信長對決的覺悟，開始侵入與信長同盟的家康所屬領地。也因為這樣，遠江國和奧三河的武士紛紛變節投向武田陣營，德川氏支配的地區比起版圖最大時足足縮小了兩成。

元龜三年（一五七二）五月，武田信玄收到來自將軍義昭「追討織田信長」的御內書（將軍以個人名義發出的信件），同時，淺井、朝倉兩氏，還有原本歸順信長的松永久秀都熱烈地敦請信玄前往京都。信玄受到這些鼓動，前往京都攻擊織田政權的決心變得更加堅定。

家康的困境——落入信玄的陷阱

同年十月三日，信玄率領兩萬大軍從甲府發兵。不久之後，秋山信友率領五千士兵侵入信長的領地美濃國，信長姑姑駐守的要衝岩村城（現今岐阜縣惠那市）在十一月十四日陷落，阻止了來自美濃方面的信長軍入侵。此外，由山縣昌景率領的五千士兵被派遣到東三河，試圖切斷德川氏的兵力。

在這樣的布局中，信玄的本隊從伊奈跨越青崩峠一舉南下，途中在犬居將兵力分成兩股，獨立隊伍前往只來，他自己則一邊突進一邊打下天方、一宮、飯田等德川陣營的城池。

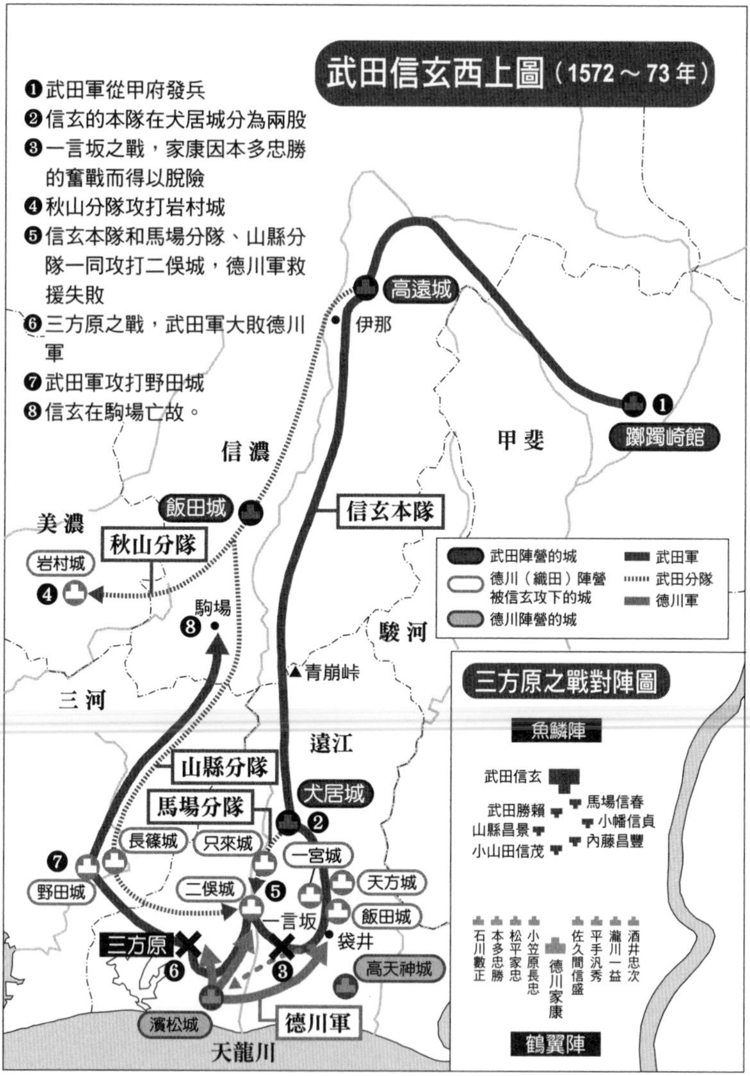
武田信玄西上圖（1572～73年）
❶武田軍從甲府發兵
❷信玄的本隊在犬居城分為兩股
❸一言坂之戰，家康因本多忠勝的奮戰而得以脫險
❹秋山分隊攻打岩村城
❺信玄本隊和馬場分隊、山縣分隊一同攻打二俣城，德川軍救援失敗
❻三方原之戰，武田軍大敗德川軍
❼武田軍攻打野田城
❽信玄在駒場亡故。
躑躅崎館
高遠城
伊那
甲斐
信濃
飯田城
美濃
秋山分隊
岩村城
駒場
信玄本隊
駿河
青崩峠
三河
遠江
山縣分隊
馬場分隊
犬居城
長篠城
只來城
一宮城
野田城
二俣城
天方城
一言坂
飯田城
袋井
三方原
高天神城
濱松城
德川軍
天龍川
武田陣營的城
德川（織田）陣營被信玄攻下的城
德川陣營的城
武田軍
武田分隊
德川軍
三方原之戰對陣圖
魚鱗陣
武田信玄
武田勝賴
馬場信春
小幡信貞
山縣昌景
小山田信茂
內藤昌豐
石川數正
本多忠勝
松平家忠
小笠原長忠
德川家康
佐久間信盛
平手汎秀
瀧川一益
酒井忠次
鶴翼陣

另一方面，家康率領三千士兵大膽進行試探敵人實力的佯攻偵察。如此冒險出兵應該是為了親自確認敵人的狀況吧！不過卻在袋井附近被武田陣營發現，遭受猛烈的攻擊。家康雖然迅速退兵，但在一言坂附近（現今靜岡縣磐田市）又被追上，最後因本多忠勝的奮起得以逃脫，但還是吃了大敗仗。家康可能認為敵人不熟悉這一帶的地理環境，即使有些小衝突也能輕易逃離，只能說他的判斷太天真了。

其實信玄是這樣的：

「拿出遠州三河的繪圖，兩國險惡之地，大小河川的狀態，泥土深積的田和池塘等都讓三河的浪人們全部說出來。」（〈甲陽軍鑑〉）

他在開始遠征之前，早就詳細調查過敵區的地形。

信玄在十月中開始包圍二俣城（現今靜岡縣濱松市），山縣的分隊很快就與他會合。這座城距離濱松城北方不過二十公里，這表示武田軍就要過來了。

這時候家康從濱松城出兵準備救助二俣城，他應該是這麼判斷的：

「如果不親自帶兵迎擊，可能會被遠江的部將們唾棄。」

但因為人數稀少，他只能從外圍眼睜睜地看著敵人攻城。

結果，二俣城被攻破了。預計在十一月完成城池的交接，這期間，松井河泉守、飯尾彌四郎、神尾宗大夫、奧山佐近將監、幡鎌右近丞、天野菅左衛門等遠江的武士們陸續投靠信玄陣營。

信玄開始修整二俣城及周圍的道路，十二月二十一日，向濱松進軍。**但要攻下濱松城這般堅固的城至少需要數月，所以信玄考慮引誘家康出城，重創德川軍。**

隔天，武田軍南下到離濱松城北方十二公里的三方原，但突然在這裡改變路線，往西前進。家康得知武田軍的靠近，不顧重臣反對，離開了濱松城。

根據《三河物語》的記載，家康對家臣說：「這麼多人從我的領地踏過，不做點什麼難以嚥下這口氣，總之這個仗不能不打，人多人少都有對應的陣型，一切自有公道。」

於是他跟好不容易抵達的三千名信長援軍會合，等待敵軍來襲，但守軍人數全部加起來只有一萬一千，還不到武田軍的一半。

德川軍一直保持一定的距離尾隨突然改變路線的武田軍，不過到了三原台地卻無法繼續跟隨。在地勢開始下降的時候，武田軍忽然停了下來，迅速改變陣形，擺出了對戰的姿態。

家康原本考慮要在敵人開始下坡時，視情況從背後突襲，沒想到會變成跟敵人直接對峙的局面。

德川陣營的武將們原本在後方追著敵人，很快就表現出想要主動攻打敵人的戰場心態——這正是信玄設下的巧妙陷阱。為了刺激德川軍，武田軍還不斷投擲石礫，做出挑釁的行為。

根據《國朝大業廣記》（国朝大業広記）記載，家康的近臣渡邊守綱偵察回來後建議不要發動攻擊：

「敵人陣容堅強，應該徹底採取守勢。」

但大久保忠世、柴田康忠等將領卻無視他的意見，一再襲擊武田軍。

戰國史的大家——高柳光壽指出，家康「雖然不情願還是被捲入了戰爭」「家康不太能掌控全軍的狀態」《三方原之戰》（三方原の戦）。桑田忠親也說「在（家康）還未下達命令前就開始了攻擊」《日本戰國史　第1—7・三方原之戰》（日本の戦史第1—7「三方原・長篠の役」）。以這兩人為首，多數的研究者都認為德川軍無視主君擅自行動。

德川武將們被丟石頭、被嘲笑，所以不顧家康的制止，一再襲擊武田軍，導致兩軍爆發全面衝突。德川軍原本只是一時衝動，慢慢因為人數的差距而被壓著打，最後終於開始潰散竄逃。

結果武田軍有四百人戰死，德川軍則有一千人，戰爭以家康慘敗收場。武田軍雖然展開凌厲的追擊，但並沒有包圍濱松城，而是暫時駐紮在三方原北端的刑部，不久就朝著三河的野田城（現今愛知縣新城市）離開。

—三河武士團根本不服家康！—

但話說回來，為什麼家康明知會戰敗，還是堅持從濱松城出擊呢？

一般看法認為是基於對同盟者信長的人情義理，或是為了防止遠江的武將叛離，也有部分是要維持身為武士的尊嚴。

但是我認為，如果信玄沒有在不久之後病逝，這場戰爭的結果可能會導致德川家滅亡。三河武士團常被說是對家康盡忠的武士楷模，但這其實是天大的誤解。家康的元老家臣根本就是超乎想像的不良家臣集團。

家康的祖父岡崎城主松平清康原本只是三河的土豪，因為異常善戰，二十歲時就平定了三河一國。

但在那之後過了五年，清康因為一些誤會被家臣謀殺，這時嫡子廣忠年僅十歲，所以松平氏（之後的德川氏）很快就開始分裂，最後由親族松平信定掌握了實權。廣忠在流浪之後雖然得到今川義元的支援奪回三河的領地，但嫡子家康卻成了人質，自己也成為今川的部將。廣忠年紀輕輕二十四歲就過世了，使得今川可以將三河牢牢控制在手中，甚至禁止成年後的家康回到岡崎。

永祿三年（一五六〇），今川義元在桶狹間合戰被擊敗，家康才因此得以回到三河，與今川氏斷絕關係，和織田信長結盟。總而言之，德川家對三河這個地方的統治，只有家康的祖父清康統一支配的那幾年，所以三河武士心底不見得都承認家康。

證據就是在永祿六年（一五六三）發生由本願寺帶頭組織的平民動亂時，許多元老家臣幫助動亂的一方與家康敵對，讓家康宛如陷入腹背受敵的危險狀態。

這次的三方原之戰也是如此。確定戰敗之後，被稱為德川四天王的榊原康政等多位元老家臣，都沒有回防濱松城而是直接逃到其他地方。

另外，大家還想到了嗎？小倉忠藏比家康先逃回濱松，之後不斷在城內高喊：

「殿下戰死了！」

讓自家陣營陷入絕望的深淵。

大久保忠世等看到家康逃回時大便失禁，本應該要安慰主君，卻反而大聲嘲笑：「殿下沾著大便回來了！」

換句話說，在這些素行不良的家臣面前，如果不迎戰而選擇夾著尾巴躲在城內發抖，家康一定會被他們鄙視。**因為事關戰國大名的存亡，家康除了跟信玄作戰，別無他法**。

但家康不是笨蛋，他原先也沒有要跟大軍正面衝突的自殺想法，應該只是想趁著武田軍下坡的時候進行佯攻偵察，若敵人猛烈反擊就立刻退回濱松。只要盡到對信長的人情責任，或能對元老家臣展現自己的勇武就夠了。

然而即便如此，他還是跟武田大軍進行了激烈的戰鬥，一切都該怪罪那些無視家康制止跟敵人衝突的不良家臣。

後來家康也一直為家臣的素行不良所苦。

天正七年（一五七九），家康逼迫嫡子信康自殺，並殺害嫡妻築山殿。因為信長相信這兩人私通武田勝賴，才如此授意。在這之前，信長特別召見德川家的宿老

〈※13〉酒井忠次詢問私通的事實。

忠次竟然完全肯定這件事，結果造成這起悲劇。令人不敢置信的是，忠次的言行只是在報復信康平時對他的輕視。

天正十三年（一五八五）德川最有權力的重臣石川數正、刈谷城主（現今愛知縣刈谷市）水野忠重、松本城主（現今長野縣松本市）小笠原貞慶等一個接著一個捨棄家康，投奔敵對的羽柴秀吉（豐臣秀吉）。

另外在家康過世的前年，大坂夏之陣最後雖然消滅了豐臣秀賴，但過程中，家康的本營卻因遭到真田幸村多次攻擊而陷入危機，本來應捨身護主的旗本隊〈※14〉，一下子就捨棄家康四處竄逃，家康被拋下後因過於絕望，還兩度想要自殺。

從這些事實看來，應該不難知道為什麼家康要在三方原挑戰令人絕望的戰爭。

※13　宿老，指累積許多經驗的老人，後來變成老臣和家老等有著重要地位的人的稱呼。

※14　旗本隊，驍勇善戰的武士才能成為旗本的一員。

攻打小田原

被逼入絕境的秀吉？直到最後都沒被攻下的小田原城

—成為天下之主的最後一步——二十二萬人的大遠征—

天正十七年（一五八九）十一月二十四日，豐臣秀吉向支配關東的小田原城主北條氏直，發出了列有五條宣戰布告的朱印狀〈※15〉。導火線是上野國的沼田領地（現今群馬縣沼田市）。後北條氏與真田昌幸在爭奪這個地區的主權，秀吉在同年七月介入仲裁，最後雙方以該領地的三分之二歸後北條，其餘部分交由真田支配和解。

但才過不久，後北條氏就搶奪真田領地之內的名胡桃城（現今群馬縣利根郡水上町），真田昌幸將此事告知秀吉後，秀吉勃然大怒，遂向氏直發出宣戰布告。

※15 朱印狀，日本戰國時代到江戶時代的古文書史料中，蓋上朱印的命令文書。

當然秀吉也想以此為藉口擊敗北條氏直，掌控關東，甚至東北，進而達成統一天下的目的。

關東霸者後北條氏從始祖早雲收服相模國（現今神奈川縣）以來，歷經氏綱、氏康、氏政和氏直五代，成為版圖擴張至武藏（現今琦玉縣、東京都、神奈川縣北東部）、下總、上總（現今千葉縣中南部）、下野、上野的大大名。只要能消滅後北條氏，不難想見，東國這些小大名們就會一窩蜂地向秀吉俯首稱臣。就這層意義來看，討伐小田原可說是秀吉成為天下之主的最後一步。

天正十八年（一五九〇）二月，作為豐臣軍先鋒的德川家康、織田信雄、蒲生氏鄉等開始從東海道東進。二月下旬，羽柴秀次、細川忠興、淺野長吉、石田三成、宇喜多秀家等也陸續發兵。

另一方面，來自北陸的上杉景勝、前田利家和真田昌幸則越過碓冰峠，大舉入侵關東平野。長宗我部元親、九鬼嘉隆、脇坂安治、加藤嘉明等前所未有的大規模水軍首次在相模灣集結。到了三月一日，豐臣秀吉率領三萬兩千大軍從京都出發。

至此加入攻打小田原的豐臣軍，規模空前絕後，是人數總計高達二十二萬的大遠征軍。豐臣軍沿路掃蕩後北條陣營的支城〈※16〉，很快地在四月上旬就完成對小

※16 支城，為了保護本城而部署的輔助用出城、砦（寨）、陣屋等建築設施。

田原城的包圍。後北條氏在三個月後投降，東北諸大名也同時向秀吉宣誓效忠，至此，天下統一。

以整個過程來看，一般都會認為攻打小田原對秀吉來說，是不可能失敗、可以輕鬆取勝的戰爭。實際上，一開始的兵力就眾寡懸殊，相對於豐臣軍的二十二萬，小田原的守軍只有五萬六千人，估計即使加上關東諸城，後北條全部的兵力也不過八萬人左右。

而且以後北條氏的情況來說，完全無法期待會出現反抗豐臣軍並加入自身陣營的援軍。而秀吉不斷展現出從容的態度，更是加強了後人覺得這場戰役是輕鬆取勝的印象。

「假鬍子染成金黑交雜、太刀插在腰間等，全部都是了讓自己表現出年輕的樣子。」

就如《太閤記》中所記載的，秀吉在出擊的時候特意裝扮得風流倜儻，好像要到三保的松原或田子的海邊等地，一邊遊山玩水，一邊悠哉行軍打仗。他在箱根湯本的本陣中，連日舉辦茶會或演出能劇，召來淀殿等愛妾在陣營中陪伴，並替士兵開設遊郭（妓女院）和商店，以顯示自己的寬容大度。

實際上，秀吉的構想是想要打長久戰，所以在小田原城隔著早川的對岸進行築石牆、修瓦頂等建造大型城郭的工程。他最初的計畫就是像等待柿子成熟掉落那樣，等待小田原城陷落。

但在不久之後，秀吉就不得不被迫改變方針，因為如果不盡早攻下小田原城，可能會導致他自身的滅亡。

威脅到秀吉的北條氏外交手段

一般人可能不太知道北條氏照這位武將，但在攻打小田原的過程中，讓秀吉最為害怕的武將，恐怕非他莫屬。氏照是北條五代當主氏直的叔父，從年輕時就跟在父親氏康和兄長氏政身邊，是在最前線開拓版圖的猛者。

他在這個時期以八王子城（現今東京都八王子市）這座巨大的山城為根據地，兼任六城的城主，支配以北關東為中心的北條領國（俸祿約二百萬石左右）三分之一的廣大領域，擁有四千五百人的家臣團。

氏照過去曾與家康會面。因為家康的女兒督姬嫁給北條氏直，兩家結成同盟，所以天正十四年（一五八六），家康和北條氏政才能在三島（現今靜岡縣三島市）舉行會談。

當時氏照也有出席，家康對重臣本多正信低聲說：

「如果沒有氏政〈※17〉，陸奥守氏照可能看不上氏直，說不定會想由自己掌管國政。」《紀伊國物語》

換言之，從家康的角度來看，他認為氏照看起來才像是後北條氏實力最強的人，是遠比自己女婿氏直更為強大的存在。

此外，氏照不僅是優秀的作戰指揮官，也是手腕高明的外交官。舉例來說，後北條氏能與上杉謙信、織田信長及伊達政宗建立友好關係，就是因為有氏照負責外交斡旋。因此豐臣軍入侵時，他其實期待著伊達政宗的救援，還有姻親德川家康的叛變，並在此看出勝算，祕密地進行政治工作。

後北條氏並沒有主動迎擊豐臣軍，而是固守在小田原城等主城和支城內。通常會採取這種守城戰術，多半是在期待會有援軍前來的情況下，而氏照期待的便是伊達政宗和德川家康的救援。尤其因為氏照的交涉，後北條與伊達在豐臣軍進攻前，祕密締結了同盟。

※17　北條氏政，日本戰國時代及安土桃山時代關東地方的大名，第四代後北條氏當主，氏直的父親。

伊達政宗還只是二十出頭的年輕人，但他陸續降伏以二本松城主——畠山義繼為首的東北大名，天正十七年（一五八九）在摺上原（現今福島縣耶麻郡磐梯町、豬苗代町）會戰擊敗會津的蘆名義廣與常陸國佐竹氏的聯軍，奪取蘆名氏的黑川城（現今福島縣會津若松市），占領了會津地方。接著打倒二階堂氏，成為領有東北南部（大約是福島、宮城兩縣和岩手縣南部）一百五十萬石的大大名。

後北條陣營殷切期待這位如旭日初升的東北之雄的奧援，而事實上政宗似乎也準備回應他們的期待。秀吉攻打小田原之際，也召集了東北諸將，但政宗在收到徵召之後過了兩個月才抵達小田原，最後因故意惹惱秀吉導致會津領地被沒收。

但從這個行動可以很明顯看出，政宗可能會依戰況的變化打擊豐臣軍。另一方面，德川家康如前面所說，和後北條氏有姻親關係，所以在圍城戰進行時，受到後北條方積極拉攏，希望他叛變。

「在長期對陣期間出現不少流言，傳家康和信雄等與小田原城私通，或恐真有其事，多人連番上告，令人不得不信服。」

《大閤記》中有如此記載。**進入五月之後，豐臣陣營中開始出現「家康和信雄試圖謀反」的傳言，許多將領都紛紛前來密告。**

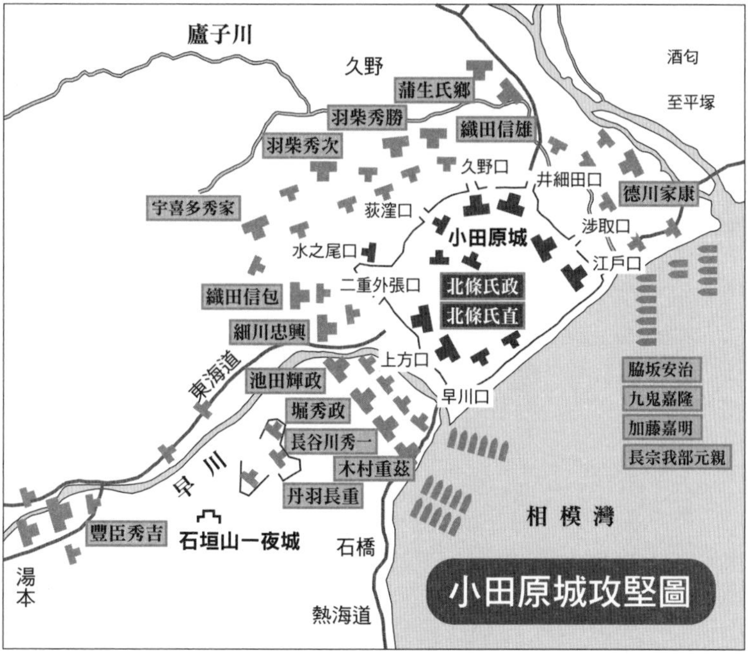

信雄是織田信長的次子，領有尾張（現今愛知縣西部）、伊賀（現今三重縣伊賀市、名張市）、南伊勢（現今三重縣南部）合計共一百萬石，秀吉自然無法輕易捨棄他。

「秀吉並不瞭解信雄和家康的陣營情況，只召集了五六位隨扈突然前往，一切都是為了解開誤會以示親近。」（同前書）

換句話說，秀吉只帶了少數隨從造訪家康和信雄的陣地，他這麼顯然是為了展現與對方的交誼穩固，而不得不如此。

─大軍逼近！八王子城成為目標的原因─

小田原城從未淪陷過，即使在武田信玄或上杉謙信的猛烈攻擊下，它依舊屹立不搖，是一座難攻不破的堅城。為了抵禦豐臣軍的攻擊，天正十五年（一五八七）之後，進行了大規模的改建，從城下町到鄰近的農田都納入城郭之內，小田原城的外郭全長超過十二公里。

除此之外，這座巨城為了抵抗數年的圍城攻擊，儲存了大量的糧食，所以即使包圍進行了兩個月，整座城完全看不出會被攻破的樣子。不僅如此，城內的人還不時舉辦茶會或酒宴，愉快享受著下棋、雙六或連歌。此外，每天到市場都可以順利地進行交易，物價也相當穩定。

看到敵人這樣的情況，攻城軍的士氣益發低迷。豐臣軍的諸大名不過是聚在一起罷了，他們歸順秀吉的日子都很短，所以當士氣低落，就會出現一起反叛豐臣政權的念頭。

最初，秀吉的作戰計畫除了包圍小田城，還同時派遣分隊到各地去攻陷後北條氏的主要支城。他預想，一旦滅掉枝葉之後，接下來只要一直耗著等小田原枯死就行了。但到了五月下旬，他改變了方針。秀吉不時責罵將領「攻擊的方式太溫和了」，很顯然地，他已經開始著急。

最具代表性的逸聞跟前田利家有關。利家包圍了廄橋城、松井田城、沼田城、鉢形城、松山城等城池，並很有技巧地對守城將領施加壓力，讓對方開城投降。為了報告戰果，利家暫時脫離戰場，前往小田原進見秀吉。利家以己方最少的犧牲，攻陷了好幾座城池，當然期待得到秀吉的稱讚。

然而跟他預想的相反，秀吉完全沒有稱讚他，反而跟身邊的人透露：

「七八座城，至少將一座攻破屠城也好啊。」（同前書）

利家聽聞這些話後非常震驚，決定下次攻城要徹底進行破壞，並且屠盡敵人。

而成為他目標的，正是北條氏照的本城八王子城。

城主氏照也守在小田原城，因此八王子城的兵力只有三千人，且精銳都隨著氏照前往了小田原，城中剩下的多為婦孺和老弱殘兵。然而在天正十八年（一五九〇）六月二十三日，以前田利家、上杉景勝為將領的五萬豐臣大軍兵臨到城下。

—效法信長！模仿安土城的石城—

從ＪＲ高尾車站搭乘前往八王子城跡的公車，在終點站下車之後，再沿登山道步行數分鐘，右前方便可看見一座深綠色的山——深澤山。八王子城的要塞遺跡就散落在這整座山的各處。

八王子城簡單來說可以大致分為三個區域：家臣團或與城的相關人員居住的根小屋地區；城主北條氏照的行政廳兼起居空間的居館地區；屹立在眼前的要塞地區（深澤山）。

公車站下車後稍微走一下，就會看見刻有八王子城跡的巨大石碑，再進去就是公園，右手邊的下坡可通往居館地區，通過園區，正前方的登山道可以環繞整個要塞地區。

居館地區從二十多年前開始就一直持續挖掘調查的作業，挖出了宏偉的石垣和虎口（城郭的出入口），之後又修復了架橋和城門，整理為史蹟公園。但要塞地區自被攻陷以來，一直沒有重建，到現在還不清楚全部的面貌。

通過城山川上方所架的橋，登上石階之後，會來到一塊平坦的地方，這裡是有著被稱為ASHIDA曲輪（城中由土石圍起的特定區域）〈※18〉的場所，從ASHIDA曲輪右邊沿著山道前進，遇到小路往左，繞過一個大彎繼續前進，途中會看到一座隱藏的石鳥居。

山頂有一座八王子神社，顯示這條道路其實是參道。經過凹凸不平的舊路之後，會開始變得很陡，有許多大樹的樹樁頭和倒木橫躺在路上。左邊是陡峭的懸崖，谷底很深，滑落下去可能會喪命。

這一帶林木蓊鬱遮擋了視線，白天也有些陰暗，有時候從竹葉的縫隙可以看到石堆露出來，很明顯是由人工堆積而成，可以推測這個地方過去可能有一座城。

關東的城很少用石垣或石積，但這座城卻有很多石構遺跡，因為深澤山整體都是由容易加工的砂岩構成。

但即使如此，後北條氏的城一般都是挖土再夯實的土城，為何氏照要選擇岩山，削掉岩磐建造石城呢？

有鄉土史家認為，這是在模仿織田信長的安土城。確實，氏照是後北條氏的外交官，經常透過文書跟信長往來，甚至還曾派遣重臣到安土。**若聽過哪位重臣對安**

※18　ASHIDA，亦寫作郭（くるわ）。城郭是決定戰爭勝負的因素之一，特別是城郭的形狀、結構等。因此築城時考量城郭地點以及曲輪的部署，盡量做有利防禦的設計。稱作ASHIDA的原因已不可考。

土城的描述，產生了要建造雄大平山城的想法其實並不奇怪。

越過好幾個像曲輪的平坦區域，進入細長的廣場就到了金子丸跡。據說這是氏照的重臣金子家重負責守備的曲輪。就地理環境來說，如果不能攻下這裡就無法往本丸前進。

過了金子丸之後繼續沿著曲折的小路往上爬二十分鐘左右，就到了深澤山的山頂。這一帶就是主郭部，集中了好幾個本丸和二之丸等曲輪的地方。

一如果不是被騙，小田原城才不會開城投降一

因為八王子城的城主氏照不在城內，就由城代橫地監務代為指揮，單純以人數來看，守城的一方相當不利，但這座城是利用整個山的險峻地勢改造成要塞的堅城，長期固守在內並非不可能。

六月二十二日，抵達城下的攻城軍在隔天天還沒亮的時候，就分成兩路開始攻擊。當天起了濃霧，在守城方還未察覺的時候，敵人就已經深入城的內部。

上杉軍從大手口、前田軍從搦手（城的後門）上到了主郭部。上杉景勝在知道

往要塞部捷徑的男子的帶領下，對三之丸發動了奇襲。守城方因為自認地勢險峻，所以根本沒有考慮到敵人會從此處偷襲——三之丸很輕易地就被占領了。

相較之下，前田軍則陷入苦戰。在守護本丸北側的山下曲輪的攻防中，遭到守城兵猛烈的槍擊，因而傷亡慘重，但即便如此，前田軍仍奮勇向前，奪下了山下丸，緊接著便逼近中山勘解由防守的中之丸。

雖然中山小隊在本丸正上方頑強的抵抗，守了十個小時曲輪才被占領，但利家的親衛隊也有三十人死亡。中之丸陷落的同時，身在本丸的城代橫地監物帶著殘兵，打開木柵，大膽從敵陣中突圍，最後成功脫逃。結果，八王子城一天就被攻下。

因為是勉強攻城，守城方雖然死了一千人，豐臣軍犧牲人數也差不多。對討厭見血的秀吉來說，這是他從未有過的魯莽作戰，且悲慘的是，雖然他將眾多敵人的首級和俘虜用軍艦運到小田原的海邊排列，讓守城士兵觀看，但小田原城仍然沒有想要降伏的樣子。

在這個時候，攻城的士兵已經展現疲態，於是秀吉舉辦了大規模的茶會，演出聲勢浩大的風流踊，努力消除士兵們的疲勞，但他判斷這樣的持久戰無法繼續下去，於是決定採取其他手段。

他最後的手段就是欺騙敵人！他透過德川家康，提出「打開城門就能保證武藏、相模和伊豆國安全無虞」等對後北條來說極為寬大的議和條件，家康保證這並不是謊言。北條氏直與家康是姻親，因此信以為真，在同年七月接受了議和條件，打開了小田原城的城門。

但秀吉卻打破約定，沒收了後北條氏的領地，命令北條氏政切腹，將當主氏直驅逐到高野山。**這個做法未免過於卑鄙，但如果不這麼做，秀吉根本無法獲勝**。

最後北條氏的處分就如前面所說的，而讓秀吉痛苦的氏照也被命令跟兄長氏政一起切腹。只要想到其他北條一族都能留下性命，就知道氏照在這場戰爭中的地位有多重要。

迎向死亡前，氏照要求沐浴，清潔身體後，便留下遺句切腹而亡。他的態度非常地磊落，讓周圍的人不勝唏噓。

逸聞有一則讓人很緬懷氏照的品德。傳說氏照切腹後不久，他生前疼愛的少年試圖奪取他的首級逃亡，可惜最後被捕了。

關原之戰

為何不繼續守在大垣城？敗給大雨的石田三成

—家康讓三成奔向關原的策略—

慶長五年（一六〇〇）七月，豐臣政權的五大老德川家康率領大軍前往討伐會津時，石田三成趁機舉兵。

三成最初以尾張的清洲城（現今愛知縣清須市）和美濃的岐阜城為中心，加上同國的犬山城（現今愛知縣犬山市）及竹鼻城（現今岐阜縣羽島市）的自軍（西軍）組成防衛線，準備在這裡迎擊東軍（家康陣營）。清洲城主福島正則非常討厭三成，但即便如此，因為他是受過豐臣恩澤的大名，所以一開始選擇相信三成並與他站在同一線。

福島正則跟隨家康前去討伐會津，出發之際，他派舅舅津田繁元和重臣大崎長行留守城內。三成派木村宗左衛門前往清洲城，積極勸誘津田加入自家陣營。津田雖然同意了，但大崎卻強烈反對，所以家臣分成兩派互相對立，結果在正則返回之前都無法行動。而眾所皆知，正則回來之後成了東軍的前鋒。

另一方面，三成陣營的岐阜城主織田秀信，在東軍攻打過來時一下子就被打敗，立刻讓出了城池，犬山、竹鼻城也接著陷落。因為這些意外的失誤，逼得三成必須改變計畫。他採取了新的方針，前去與守在大垣城的東軍會合，並試圖讓西軍的總大將毛利輝元和豐臣秀賴從大坂城出兵。

如果追隨秀賴的輝元率領大軍攻打過來，東軍的豐臣系大名一定會因此動搖，進而喪失戰意使東軍瓦解。

三成是這麼解讀的。

因此他在九月八日離開佐和山城（現今滋賀縣彥根市），進入大垣城。同時在後方數十公里的關原周邊建設好幾個陣地，將武將分別安置於此，並準備在此迎接毛利輝元的本隊，同時等待其他友軍抵達。他想結合大垣城的東軍在此夾擊敵軍。

另一方面，家康從江戶出發，十一日抵達清洲城，然而他卻得知由兒子秀忠帶隊的秀忠軍遲到了，因為他們之前從中山道西進攻打真田昌幸駐守的上田城（現今長野縣上田市）時費了很大的力氣。德川的精銳部隊其實是由秀忠率領而不是家康，主要可能是想將功勞歸給兒子，因此家康稱自己得了感冒，在清洲城等待秀忠軍。但是豐臣系大名先鋒們急著搶功，依然在前線持續進行快攻。

如果繼續待在清洲，讓豐臣系的大名擊敗西軍，德川會很沒有面子，因此家康決定在沒有秀忠軍的情況下跟西軍決戰。他經由岐阜城，在十四日抵達距離大垣城四公里的赤坂的岡山。

但就家康而言，他希望可以避免自己不擅長的攻城戰，因為如果花太多時間攻城，豐臣秀賴也可能會從大坂出擊。

因此他決定採用祕密手段。

他召集諸將展開作戰會議，訂下清楚的方針，決定先不管三成的根據地佐和山城，而是直接攻向大坂城。這個方針透過間諜傳到了三成耳中，卻萬萬沒想到，這正是家康希望的。

感到震驚的三成急忙在關原建立起防守線，無論如何都必須阻止東軍的進軍。

九月十四日夜晚，外面下起了大豪雨，趁著大雨跟夜色的掩護，三成想帶著全軍悄悄離開大垣城。他們不點火把，綁住馬嘴避免發出聲音，為了不讓東軍發覺，特別繞路前進，在黑暗中往關原的方向消失。

沒有人知道撤離要花多少時間，但家康在凌晨兩點左右得知這個情報後，立刻下令全軍出擊。於是東軍也和三成軍一樣，奔走在滿是泥濘的關原。

用水困住三成——水攻大垣城作戰

石田三成棄守大垣城的理由，一般都同意前面的說法，但近幾年出現了其他新看法。

西軍突然從大垣城逃出，並在豪雨中摸黑通過關原，到底是什麼原因讓他們如此慌張呢？關於這一點有人提出新的看法：

「因為三成察覺了家康想對大垣城發動水攻的計畫。」

實際上，家康在給真田信幸和堀直寄的信中確實提到：

「我想對大垣城進行水攻。」

大垣城周邊是有著無數小河流經的低窪濕地，這邊的地質情況在每一平方公尺的土地挖掘都會有水源湧出，因此家康公開表示他會採取水攻。根據這個說法，石田三成突然棄城離開的九月十四日夜裡，大垣一帶發生了大洪水。

如果這是真的——不，至少當天下起豪雨這件事，許多紀錄上都有書寫到，這一點已經很清楚。若是這樣，東軍利用這個機會加強包圍，展開「水攻大垣城作戰計畫」的可能性非常高。

水攻作戰之前，東軍只要完全包圍大垣城周邊，就能讓三成動彈不得。更何況如果城周邊被水淹沒，將會和以大坂城為首的友軍們完全隔絕。假如陷入這種境地，三成就無法再對西軍下達作戰指示了。

總大將毛利輝元怎麼說都只是個裝飾品，不論三成如何催促都不願離開大坂城。**因此對沒有其他指揮官的西軍來說，如果三成被水困住可是非常致命的**。

此外，三成也質疑西軍諸位將領的戰鬥意願和忠誠。實際上，三成在給五奉行增田長盛的的書信中提到：「不知道友軍真正的想法」「說不定會出現意想不到的背叛者」。

其中，他最擔心小早川秀秋的動向。許久之前就有秀秋叛變的傳聞，三成抵達關原後，便派遣使者請秀秋前來大垣，企圖留下他本人作為人質。但秀秋可能察覺了這件事，所以找藉口拒絕前往。

再加上大坂也開始出現這樣的流言：「如果毛利輝元向關原出兵，五奉行增田長盛將趁機占領城內。」

因為有這些狀況，逼使三成不論如何都必須在當日之內撤離大垣。但也有說法認為，水攻大垣城的作戰計畫，其實是家康為了引出關原的西軍而故意放出的情報。

—自然而然就形成？西軍的鶴翼陣形—

因為種種原因，西軍突然離開了大垣城，不得不在原野展開決戰。三成選了關原作為決戰的舞台，理由是這個被稱為關原、長寬四公里的方形盆地，是中山道、北國街道、伊勢街道等道路交錯縱橫的交通要衝，再加上盆地周圍被低山和河川圍繞，只要能控制這裡，就能完全阻止東軍西進。

當然還有一點很重要，就是當初西軍早已在關原各處建了城寨，預想要作為大垣攻城戰的後備陣地，並配置了毛利秀元、小早川秀秋、大谷吉繼等西軍諸將。

在關原合戰中，西軍採用鶴翼陣形，像鶴展開巨大的翅膀，在周圍可以俯瞰關原盆地的群山中和山腳下，諸大名展開了陣形。

三成自己也在夜裡抵達了關原，在位置離西邊有點距離的笹尾山安置本陣，在它南邊的小關村配置分隊。

三成軍有約六千人守住北國街道；島津豐久、島津義弘的軍隊有一千五百人，與小西行長軍的四千人並列。在南面的天滿山中，宇喜多秀家軍的一萬七千人則進入五段陣形的臨戰狀態。在更南邊，大谷吉繼配置了二千五百人的兵力，至於隔壁的松尾山，有小早川秀秋的一萬五千名大軍壓陣。

笹尾山、天滿山、松尾山在關原的西邊幾乎成一直線排列，而西軍想做的就是阻止東軍通過這條線。

此外，在往東邊的南宮山周邊，配置了毛利秀元、安國寺惠瓊、吉川廣家、長束正家、長宗我部盛親合計近三萬人，如果東軍大軍進入關原，將會被三成本隊前後包抄加以殲滅，而在關原布陣的西軍總數則超過八萬人。

但西軍的布陣到底是由誰決定的呢？

我覺得沒有一定特定的人。因為在關原作戰時，考慮到地形特徵，等待敵人攻擊時採取鶴翼陣形是一般的戰略常識，因此這次也沒有考慮用其他方法。

所以可想見，這次的布陣也是基於默契而自然形成的，目前為止並沒有任何留下的紀錄顯示，西軍的指揮官三成曾具體對哪位大名指示要鎮守在哪裡。

當然也不能說西軍沒有進行任何討論，畢竟與布陣有關，應該會仔細討論細節才對，但我認為，詳細的陣地構想應該還是交由各武將自行判斷。如前面所說，西軍本隊來到大垣城之前，就已經有不少大名在關原周邊布陣，為了不和匆忙前來的本隊重疊，可以推測，西軍應該早就將兵力配置在適合戰鬥的位置了。

順帶一提，在會戰進行中叛變，轉而襲擊友軍的小早川秀秋雖然在松尾山布陣，但其實在小早川軍抵達陣地之前，這座山是由伊藤正盛軍駐守，據說是在秀秋抵達陣地之後才強行趕走對方。

可以想見，西軍的各個大名，就像這樣互相爭奪對自身作戰有利的位置，然後才安置陣營。

—井伊直政第一個行動不算偷跑嗎？—

點燃關原之戰戰火的，乃是東軍的井伊直政。由各種紀錄來看，史實應該就是如此。井伊直政被稱為德川四天王，是家康近臣中的近臣。

但直政不是元老家臣，而是在天正三年（一五七五）才追隨家康的新人，藉由不斷立下赫赫戰功，才爬到現今地位。在與西軍交戰的前哨戰中，他和本多忠勝一起被任命為東軍前鋒的軍監。

家康還在江戶的時候，命令東軍的武將：

「在我到達之前，所有事都要聽從井伊直政的指示。」

但是前鋒都是豐臣系的大名，他們並沒有要幫德川取得天下的想法。東軍的豐臣系大名以軍功派居多，他們對石田三成這些官僚派的積怨頗深。

換句話說，他們將這次的戰爭視為豐臣政權的派閥之爭，完全沒有想到之後會出現德川幕府。再加上希望戰後論功行賞時能獲得多一點賞賜，因此經常為了爭功而任意行動。

即便如此，西進的東軍先鋒仍展現強大的戰力，瞬間就攻破了岐阜城，之後又繼續向西推進，像是要直接衝向西軍本隊的態勢。因此家康才急忙從江戶出發，等不及秀忠抵達就前往關原為決戰做準備。**家康所率領的德川軍是三萬雜兵的集合，如前面所說，精銳都由秀忠率領。**

只能說家康是迫於情勢，因為他判斷：

「如果決戰在這裡拖太久就不好了。」

秀忠的本隊沒有趕上實在很可惜。不知是因為理解家康的心情，還是收到家康的密令，井伊直政在關原之戰做出了讓人意想不到的行為。

關原之戰的第一先鋒原本決定應該是由福島正則擔任，同時並列在最前列的還有藤堂高虎、加藤嘉明、細川忠興、黑田長政等豐臣系大名，而井伊直政是這群人當中唯一一位家康近臣。

東西兩軍在九月十五日上午六點到七點左右完成布陣，這時候雨也停了，但卻出現了濃霧。正當兩軍還在對峙，從福島正則隊伍的旁邊，衝出了穿著赤色甲冑的五十名騎兵，不用說，這正是井伊直政的隊伍。

福島隊猛將可兒才藏看不過去，對著直政大罵：

「今天第一個動手的必須是我們，你們不能通過這裡。」

「在你面前的是松平忠吉（家康的四男）大人，今日初次上戰，為了學習打仗，才跟斥候（負責偵察的人）一起行動。」

直政如此回答，接著就很自然地移動到福島隊前面，直接向前推進，之後戰爭開打了。令人驚訝的是，在對峙過程中，直政竟然突襲了有一萬七千人的宇喜多秀家軍。

家康在同年七月的會津征伐中，特別嚴禁偷跑的行為：

「跑在前鋒之前，即使是為了功名，也算違反軍紀，應該接受裁罰。」

直政的行為明顯就是偷跑，但是戰後，福島正則並沒有提出指控。像正則這種意見很多的人，在關原之戰的前哨戰岐阜城攻防戰中，曾因對池田輝政的違紀行為感到激憤不已，而讓兩人陷入一觸即發的狀態。**但正則卻沒有對直政提出控訴，應該是覺得直政的行為不屬於偷跑**。

直政雖率領了三千人卻被丟在本隊，他以偵察為名，只帶著五十人行動。可能也是因為人數稀少，正則才認為不是偷跑。此外，或許直政也辯解是因為濃霧，意外遇見敵人才不得不硬著頭皮戰鬥。

不論如何，家康對此感到非常愉悅，因為他認為自己的兒子和近臣在決定天下局勢的會戰中第一個出手，大大提升了德川軍的聲譽。

但據說直政因為在這場戰爭中受傷而染上疾病（恐怕是敗血症），於慶長七年（一六〇二）過世。

—意料之外的地點，僅八小時就分出勝負！—

井伊直政就這麼越過福島隊向前推進，突襲宇喜多秀家隊，開啟了戰鬥。福島正則親自向八百人的鐵炮隊下令，朝著宇喜多軍一同發砲，突然開始向前推進，應該說這才是真正的開戰。

另一方面，宇喜多軍由家老明石全登負責引誘攻過來的福島軍，一齊發砲攻擊，在密集的砲火下，受到反擊的福島士兵如標靶般不斷倒下，不得不退回數町（一町約一〇九公尺）。

就在這時，福島正則衝到前線，騎在馬上不斷吼著：

「這裡就是你們的葬身之地。去死吧！去死吧！」

受到他的激勵，福島隊又再次重整旗鼓，但宇喜多隊一步也沒有退後……像這樣一進一退的攻防大約持續了好幾個小時，最後「福島的山道旗、宇喜多的太鼓之丸旗都被秋風吹得東倒西歪，東西軍的旗幟都隨風飄盪，交互混雜。」敵我雙方幾乎都陷入混戰狀態。

但西軍有半數以上因為家康離間工作奏效，在關原之戰中都只是旁觀而沒有加入戰局。即使如此，數小時之後，西軍仍守住陣線持續奮戰。石田三成的本陣也受到黑田長政、細川忠興、加藤嘉明等人的激烈攻擊，但石田軍仍拚死力戰。

戰爭經過了三個小時以上，三成在這中間不斷向旁觀的大名派遣使者，或燃起狼煙催促他們參戰。

這時產生動搖的，是秀吉正室北政所的外甥小早川秀秋。秀秋跟黑田長政約定會投向東軍，因此在關原之戰當天，長政的家士大久保豬之助為了見證秀秋的背叛，被派到秀秋的陣地中。順帶一提，秀秋的報酬是上方二國。

「為何不攻擊西軍？這是違反約定吧！」

豬之助如此逼迫秀秋的家老——平岡賴勝，平瀨則辯稱：

「還不到時候。」

這時秀秋對於是否反叛仍有猶豫。因為過了這麼久，西軍不但完全沒有露出敗象，甚至還持續擊退東軍。

家康開始擔心起來，不斷咬著手指，失望地叨唸著：

「我被秀秋騙了！」〔《朝野舊聞裒藁》（朝野旧聞裒藁）〕

終於，家康決定賭一把，下令砲擊松尾山。

「你已經是我的敵人了！」

這是家康對秀秋下達最後通牒的意思。

因為自軍遭受砲擊，秀秋不得不選邊站，終於下定決心背叛西軍。

就這樣，小早川軍從高尾山大舉入侵，後面還跟著西軍的赤座直保、小川祐忠、朽木元綱、脇坂安治等四位大名，一起將矛頭轉向友軍，襲擊大谷吉繼隊。加上背叛的大名，東軍的軍力膨脹到將近西軍的三倍，到了這時，西軍終於被擊潰了。

結果關原之戰在意料之外的地點，舉行決定天下局勢的會戰，在一天之內，正確地說是八小時左右就分出了勝負。

第3章

戰國合戰的奇謀巧計

松山城地鼠作戰

改變關東的勢力版圖
天然要塞爭奪戰！

—後北條氏支配關東的重要據點—

戰國時代，武州松山城（現今埼玉縣比企郡吉見町）是武藏國北部重要的城郭，位在南北延伸的吉見丘陵的西南端，被如此稱頌：

「位在連山之鼻，如孤山一般」（《武藏志稿》）

標高雖然只有五十九公尺，但周圍是低窪的濕地，看起來宛如孤立的山峰，峨然矗立。

「山腳有市之川流經，南有深田和岩石直立，過去在山頂有池水……（中略）……為一座天然要塞。」（《新編武藏風土記稿》）

顯然它是值得被大書特書的軍事要衝。再加上城下流經的市野川水運發達，可說是水陸交通匯集，極為便利，因此同時也是經濟的要地。

傳說松山城是由侍奉關東管領上杉氏的上田氏在十五世紀中葉修築而成，但因小田原的後北條氏不斷壓迫關東管領上杉氏的舊支配勢力，並入侵武藏國北部和上野國，上田氏就成了後北條氏的部將，松山城也成為後北條氏所有。

後北條氏的第三任家主北條氏康對松山城進行了大規模的改建，「在尾崎等處挖掘壕溝，其邊坡的壁面各不相同。」（《謙信公年譜》）

松山城最後成了擁有九個城郭與深壕的堅城。

後北條氏此後便以松山城及河越城為據點，平定武藏國的北部。天文二十一年（一五五二），關東管領上杉憲政從上野國平井城（現今群馬縣藤岡市）被放逐。

在這之後，北武藏諸將項雪崩般被擊潰，紛紛屈服於北條氏康。

後北條氏征服了武藏全域，但在八年後的永祿三年（一五六〇），情勢產生了激烈的變化。八月，越後的猛將上杉謙信越過三國峠，侵入關東平野。

謙信進入上野國廄橋城（現今群馬縣前橋市），向關東諸將發出徵召檄文：

「加入我這位新關東管領的陣營，幫助我討伐北條氏吧！」

就像前面提過的，從平井城被放逐的上杉憲政逃到謙信那裡，因為憲政很欣賞謙信的威猛，便在弘治三年（一五五七），將上杉氏的家名〈※19〉和關東管領〈※20〉的職位都讓給謙信，請他幫忙討伐後北條氏。

但是謙信在這幾年間不斷在信濃國（現今長野縣）的川中島（現今長野縣長野市）與武田信玄（晴信）對戰，遲遲無法實現憲政的願望，直到這次終於可以向關東出兵。

就在前年，謙信前往京都拜謁室町幕府的將軍足利義輝，正式得到關東管領的就任許可。前管領憲政也參加了關東的遠征，顯示出謙信是名正言順的。

當初北條氏康親自從松山城及河越城出擊，牽制武藏北部武士們的行動，也同時決定他們的去留。但是以上杉舊臣為首，常陸和下野國的將領紛紛參加謙信陣營集結，之後北武藏和上野國的武士也加入謙信陣營，據說總數竟超過十萬人。

於是到了隔年二月，謙信率領大軍陸續攻陷各個城池，一鼓作氣由關東平野南下，三月開始圍攻小田原城，進行猛攻。但畢竟是聞名天下的堅城，一時間無法攻下，於是謙信在鎌倉的鶴岡八幡宮舉行管領就任儀式後，便先返回了越後。

不過謙信並沒有放棄討伐後北條，之後他每年都會侵入關東平野，因此北關

※19　家名，意指繼承「信用」「傳統」「歷史」等，相當於家族的聲望。

※20　關東管領，室町幕府的一種職稱，原來稱為「執事」。負責輔佐將軍管理、支配領地，傳達將軍命令，皆須透過管領來傳達，相當於幕府中央最高行政官。

東就變成上杉陣營和後北條陣營互相爭奪的地區。而北條氏康的重要據點——松山城，竟意外地被上杉陣營奪走了。

—日本初次使用軍犬的太田三樂齋—

成功奪取松山城的人是太田三樂齋資正。太田氏是關東管領扇谷上杉的重臣世家，三樂齋則是備受讚譽的名將、太田道灌的曾孫。

相比同樣立場的上田氏立刻向後北條氏屈服，上杉憲政逃到越後之後，太田氏仍堅持著反後北條氏的立場。之後雖然短時間臣服於北條氏康，但當謙信來到關東，太田三樂齋就成為反後北條的領袖。

在《異本小田原記》中提到：

「道譽（三樂齋）經常聚集浪人們，有時召開軍事會議，聽聞自國或他國擅弓矢者的故事，從早到晚努力聽取情報，隨時準備攻城而毫不懈怠。且上為之，下效之，岩付千騎的武士也都崇尚勇武，無人可比。」

此外，上杉景勝的參謀，直江兼續很肯定地說：

「自古以來的名將，沒有人比得上謙信和三樂齋。」因此三樂齋也成了天下聞名的勇將。

這位三樂齋在永樂四年（一五六一）九月，突然率兵夜襲松山城，最後趕走了城主上田暗礫齋（朝直），占領了這座城。

三樂齋奪取了松山城後，讓七澤七郎擔任城主，這個人繼承了關東管領扇谷上杉氏的血脈，過去數年間一直在奧州流浪。

三樂齋將這位七郎起名為「上杉新藏人憲勝」，讓三田五郎左衛門和太田下野守等騎兵二百人、士兵兩千五百人進入本丸布署，將廣澤兵庫助信秀及高崎刑部左衛門利春等配置在二之丸。

北條氏康、氏政父子知道這件事後悔恨不已，無論如何都想奪回松山城，不時反覆向松山出兵。

話說回來，如果想攻擊松山城，會發生什麼事呢？三樂齋可以很迅速地從岩支城（現今埼玉縣埼玉市岩槻區）調兵支援，所以北條氏一直無法攻下松山城，但松山與岩付之間的直線距離最少也有三十公里啊。

因此「氏康對援軍神奇的變化感到欽佩不已。」（《太田家譜》）

援軍行動之所以會如此迅速，是使用了令人驚訝的布置。三樂齋竟然將岩支城飼養的狗放到松山，松山城飼養的狗放到岩付，有敵襲的時候，將在狗脖子上綁上竹筒，裝入書信，然後放狗出去。想當然狗會全心全意向故鄉奔去。換言之，他是利用狗來傳遞緊急消息。

這就是所謂的「三樂犬的交換」，據說是日本國內可以確認的最早軍犬使用案例。且三樂齋還另外下了一番功夫，用白色的塗料塗在密函上，如果不用水沾濕，文字就不會出現。

松山城交在敵人手上對後北條氏來說非常致命，所以氏康、氏政父子在永祿五年（一五六二）十一月底，率領前所未有的三萬五千大軍包圍松山城，就算是三樂齋，面對這樣的大軍也只能束手待斃吧！

後北條氏選擇十一月圍城是有原因的。這時越後會被大雪封住，所以攻擊時可以不用顧慮謙信的援軍。

但就謙信的性格來說，不難想像，他即便要踏過深雪也會派兵支援，因此北條父子想要在短時間之內攻下松山城，就得不斷增派新兵對城發動猛烈攻擊。但因為

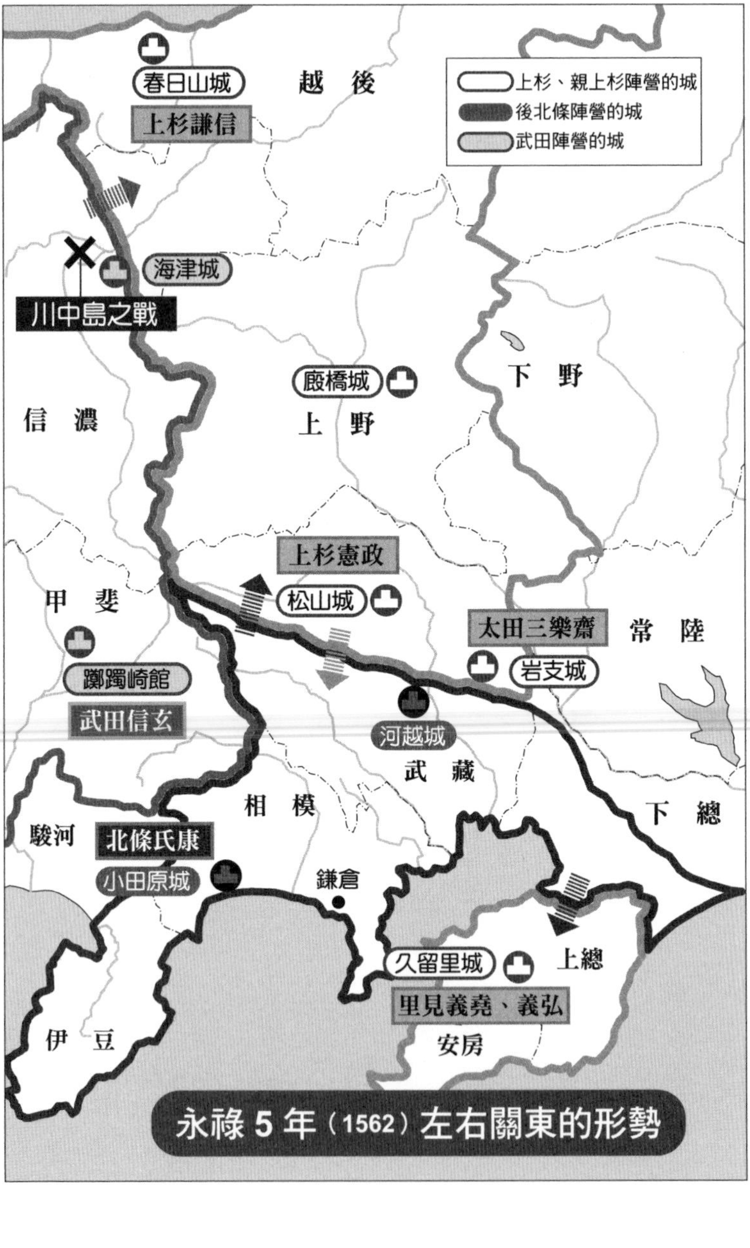
永祿 5 年（1562）左右關東的形勢
上杉、親上杉陣營的城
後北條陣營的城
武田陣營的城
春日山城
越後
上杉謙信
海津城
川中島之戰
信濃
廄橋城
上野
下野
上杉憲政
松山城
甲斐
躑躅崎館
武田信玄
太田三樂齋
岩支城
常陸
河越城
武藏
相模
下總
駿河
北條氏康
小田原城
鎌倉
久留里城
上總
里見義堯、義弘
安房
伊豆

城的四周是廣闊的濕地，要同時一齊發動強攻並不容易。

且三樂齋用來守城的都是萬中選一的猛兵，加上儲存了大量的武器。

「百放之矢、砲筒列於前方，向下擊出……（中略）……其聲可令天地震動，晴空雲掩，山河雲暗。」《謙信公御年譜》

結果後北條陣營不斷有士兵戰死，但松山城依舊屹立不搖。

終於在後北條陣營中，出現了這樣的流言：

「最近上杉謙信與安房的里見氏合謀，要派出大量援軍。」

氏康、氏政父子開始焦急，立刻派出使者向甲斐的武田信玄求援，因為當時的後北條氏與武田氏有同盟關係。

—坑道作戰失敗後令人不敢相信的閉幕—

面對後北條氏的求援，武田信玄回覆：「二月下旬將前往增援」，但北條父子一再懇切請求：「事態大抵如此，還望閣下出馬相助。」（同前書）

終於，信玄派出了兩萬大軍前往松山城。

增加到五萬五千人的攻城軍層層包圍了松山城，發出了如雷鳴般可撼動泰山的吶喊。為了怕被看出城內只三千孤軍鎮守，守城軍完全不予理會敵軍的動靜，只是不斷回以槍擊。

這樣攻擊下去完全沒有效果只會徒增死傷，因此後北條、武田聯合軍果斷地決定改變攻擊方式。提出了利用金掘眾（金山眾＝採礦業者）從外部挖通貫穿城郭內的坑道，切斷水脈，讓城郭崩塌的作戰方法。

現有的紀錄無法確認提出這個戰略的是北條氏康還是武田信玄，但一般認為應該是由武田信玄主導。

因為在十年後，武田信玄也利用金掘眾讓北條綱成鎮守的駿河國深澤城（現今靜岡縣御殿場市）開城。還有日本歷史作家新田次郎的小說《武田信玄》中提到，松山城坑道作戰是由信玄提出。

這些姑且不提，話說戰國時代的土木技術，有可能完成這樣的作戰嗎？若只說結論，以這個地區的地基來看，不能說完全不可能。

松山城附近有一處被稱為「吉見百穴」的古墳群，是將山的斜坡挖成如蜂巢般，有深洞的橫穴墓。換言之，這裡的岩盤相當鬆軟，即使是古人也能輕易挖開。

還有在太平洋戰爭的時候，松山城周邊挖出的地道（飛機工廠）也能證明這個地區的地盤很柔軟。

不論如何，金掘眾一邊用竹束阻擋鐵砲，一邊從四面八方挖坑道前進。終於二郭開始崩塌，不過守城方當然不會置之不理，也將大量的水從地上灌入坑道中，使坑道崩塌。許多工人遭到活埋，讓這個作戰不得不中止。

隨後攻城軍又對守城軍採用新的計策。在確認松山城的武器和糧食都將耗盡之際，城兵的士氣漸次低迷之後，攻城軍派出了招降使者。

但其實他們是想欺騙對方。後北條陣營中有一位勝式部大輔過去曾是三樂齋的部下，於是氏康便派勝偽裝成從岩支城前來的密使混入城內，積極勸降上杉憲勝。

憲勝相信勝是三樂齋派來的使者，便以確保自己和士兵的性命為條件，在永祿六年（一五六三）三月四日開城投降。即使後來知道被騙了也於事無補，但守城的士兵卻因此得救，憲勝也受到寬待。

不過上杉謙信所率領的越後軍，其實已經來到了松山城附近。因為太田三樂齋再三請託，所以謙信不顧危險，冒著大雪越過了三國峠，據說他在開城的隔天就到了，只能說他晚了一步。

因此謙信叫來了三樂齋：

「竟然將城交給新藏人（上杉憲勝）這麼軟弱的人，還提出無用的救援要求，自己不過用掉了一些弓矢，未免太奇怪也太令人生氣了。」（《關八州古戰錄》（関八州古戦録））

還且他還說「想殺了三樂」（《相州兵亂記》（相州兵乱記））

但三樂齋不慌不忙地拿出城內士兵人數、兵糧、武器彈藥的紀錄，並冷靜告知他捉了憲政兩個兒子作為人質。謙信聽了這些說明後終於恢復些許理智，但看到憲政的兒子又再次怒火中燒，立刻下令吊死兩個孩子，且為了洩憤還去攻打後北條陣營小田朝興的騎西城（現今埼玉縣加須市），攻下城之後才又返回越後。

然而因為松山城的陷落，武藏北部的後北條勢力又一舉提升，戰國的勢力版圖也有了大幅的變化。

在諸將一面倒地臣服於後北條陣營的情況下，只有三樂齋依然繼續反抗。在永祿七年（一五六四）七月的國府台合戰中，後北條軍大敗。七月，三樂齋的兒子氏資私通後北條陣營，三樂齋被逐出岩支城。

但三樂齋仍不因此感到氣餒，他成為常陸佐竹氏的客將，屢屢立下戰功，並以片野城（現今茨城縣石岡市）為據點，計畫奪回舊領地。

之後又過了十幾年，天正十八年（一五九〇），豐臣秀吉帶著二十萬大軍包圍小田原城，這個時候，三樂齋前往豐臣秀吉的本陣，並在隔年見證了後北條氏的滅亡。彷彿是安心了一般，三樂齋在七十歲時結束了他的一生。

三木城饑荒作戰

前所未聞！以相同兵力歷經兩年的攻城戰！

—花兩個月經營的播磨，在瞬間成了敵國—

織田信長的中國攻略戰（毛利氏征伐）從天正五年（一五七七）十月開始，持續到天正十年（一五八二）六月他在本能寺被殺為止，主將是羽柴秀吉（豐臣秀吉）。

在這中間的平定戰不是都非常順利，反而經常陷入苦戰，但秀吉總能靠著清晰的頭腦度過危機，不時還會用一般人想不到的奇妙戰術使敵人屈服。

其中被稱為「三木之斷糧」「鳥取之戰」「備中高松之水攻」的三次攻城戰，可說是日本戰史上最值得注目的作戰。

首先就來詳細介紹「三木之合戰」。

在攻略中國地區的過程中，秀吉對播磨國（現今兵庫縣）主要採用謀略和政治手段。播磨國原本是織田氏和毛利氏之間的緩衝地帶，秀吉向中國出兵之際，事先進行了交涉攏絡，在不動武的情況下，讓當地多數土豪投向織田陣營。至於在西播磨反抗的上月城（現今兵庫縣佐用郡）則被他擊破，兩個月不到就收服了一國。

秀吉的謀略手腕確實驚人，但使用政治手段最難的地方在於，因對方沒有體會過戰爭帶來的傷害，所以很容易反悔又投向敵方。好不容易成為友軍的播磨國，在天正六年（一五七八）二月，三木城主（現今兵庫縣三木市）的別所長治轉而投靠了毛利氏，其他人也陸續背叛，一瞬間，播磨變成了敵國。

三木城的織田氏之所以會背叛，據說是因為秀吉的失言。原本別所氏是播磨國守護赤松氏的一支，在這個時期，赤松氏一族以三木城為據點，勢力範圍擴展到了東播磨八郡（美囊、明石、印南、加古、多可、神東、加西、加東）。

別所氏和織田信長結盟得早，就在永祿十一年（一五六八），信長奉足利義昭旨意入京的時期。天正三年（一五七五），當主長治曾拜見信長，隔年正月也進行過年初的拜訪。

至於長治背叛信長的起因是秀吉的失言這件事，在《別所長治記》有詳細的記載。根據該記載，天正六年二月，在攻略中國地區的作戰會議中，別所長治的叔父吉親和三宅治忠等重臣自信滿滿地提出自己對戰術的看法。

但秀吉卻打斷他們的長篇大論，說道：

「反正你們的角色就是擔任先鋒，只要管好戰鬥的事情就好了。」

還完全駁回了吉親跟治忠的意見，說道：

「取得勝利的命令，交由身為大將的我來下達即可。」

回到三木城之後，他們向長治報告了秀吉的無理態度：

「（秀吉）在別所的家臣面前，不只任性妄為，而且把我們當作下人對待。」

並且還說：「先派長治當中國征伐的先鋒，至於安定的西國，就改變當初的約定，依照往常那樣由長治去清理，播州就讓秀吉前往，信長心裡如此盤算。」

長治聽聞這些話後如此回答：

「讓下賤的人擔任大將，卻讓世代顯貴的別所氏擔任他的前鋒，真是滑天下之大稽。」

因而決定要跟織田氏斷交。

但這只是叛變的契機，因為三木氏的背叛，之後的情勢有了很大的改變。

在織田信長放逐的將軍足利義昭的策動下，越後的猛將上杉謙信也開始和信長敵對。在長篠之戰中敗給織田軍的武田勝賴也和北條氏政結盟，再次蠢蠢欲動。

再加上前年以來，毛利軍從信長手中奪走制海權，從海陸同時大舉前往京都，一時間，只要滅得了織田氏就能稱霸天下的流言甚囂塵上。在這樣的情況下，以別所氏為首的播磨諸將會拋棄信長，一齊投向毛利其實一點也不令人意外。

—信長百般催促都不為所動的秀吉—

別所長治決定謀反後，藉由假裝準備攻打毛利氏取得信長的許可，開始建造整備城寨和城郭，並將大量兵糧運入三木城。之後長治向同族和鄰近的大名發送了反叛織田軍的檄文。

於是秀吉在天正六年三月得到織田信忠的援助，立刻包圍了三木城。但到了十月，因為織田家的重臣攝津國有岡城主（現今兵庫縣伊丹市）荒木村重叛變，信忠急急率軍前往，所以包圍三木城的只剩下八千名羽柴軍。

相比三木城的七千人，**以幾乎同等的兵力攻城戰可說是前所未聞，所以當然不可能一味地用武力攻擊。**

秀吉建立起鐵壁般的包圍線，完全封鎖住對方的行動。

「慢慢往支城〈※21〉靠近，南至八幡山、西至平田，北至長屋，東至大塚，再繼續接近，向城與適城之間僅五、六町，圍牆有兩層高度約為一丈，在中間埋入岩石，高高立起大盾等防具，前方擺上拒馬，架設柵欄，川面拉起綱繩，河底放置障礙樁，丟入巨石，橋上設置衛兵，讓人無法通行。」

（《別所長治記》）

像這樣，三木城周圍設置了好幾層柵欄及圍牆，封鎖城內的出入，並以相同做法攻破了三十座以上的三木城支城。換言之，採用了讓根枯萎而先去掉葉子，耐心十足的戰術。

但因為毛利氏不停擾亂，以及荒木氏的兵糧支援，秀吉對別所氏的攻擊進行得相當不順利，而且別所氏也經常出城，勇敢地對抗包圍的軍隊。

同年四月，野口城、神吉城、志方城（現今都為兵庫縣加古川市）等各個支城互相聯繫，對羽柴軍駐屯的大村坂發動夜襲，造成了極大的混亂。此外，隔年的天

※21 最靠近敵人的城，通常建於重要戰略位置。

正七年七月二日，別所山城守吉親作為大將，率領二千五百人正面挑戰羽柴軍，另有獨立隊伍七百人突襲秀吉所鎮守的平井山。

這次的奇襲意外地以失敗收場，但在攻擊失敗的同時，也啟動了暗殺秀吉的計畫。久米五郎忠勝和志水直近等人肩負這個使命，他們在友軍瓦解的時候，偷偷深入敵陣，刀口上插著首級，不斷喊著：

「要將大將秀吉的首級獻給大人！」

然後正大光明地向本陣靠近，當遠遠看見秀吉的身影，立刻衝向秀吉。

可惜秀吉的近衛隊察覺了異常，雖然本陣一時陷入混亂，久米和志水最後還是被殺了。

這次是別所氏最後一次抵抗，往後再無其他動作。但是三木城開城投降是近一年之後的天正八年（一五八〇）正月前夕。也就是說，從包圍開始竟然堅持了近兩年，這當中，上杉謙信忽然過世，荒木氏的有岡城被攻陷，信長跟石山本願寺的和談也即將告一個段落……也就是在這種情勢激烈變化的情況下，三木城才屈服。

但我認為，這並不代表秀吉無能。確實，在那之後，攻城軍增加到二萬人以上，如果秀吉利用這樣的軍力積極攻打三木城，大概只要再花半年就能將城擊破。

信長也不斷催促秀吉：「快發動總攻擊！」但秀吉都不為所動，因為他想在耗損最少的情況下取得勝利，所以在等三木城自行陷落，這是他貫徹自己戰爭理念至最後的結果。因為他認為比起時間，人命更重要。

只要看秀吉取勝的方式就不難理解這一點。三木城的輸糧道路被封死，漸漸因兵糧不足而失去戰鬥能力，陷入了如下的狀況：

「武士們殺掉戰馬，兵糧仍然不足，戰力極度低下，紛紛倒在圍牆夾縫的陰暗處，十分悽慘。」（同前書）

到了這個時候，秀吉終於對本城發動總攻擊。

但就在陸續攻陷鷹之尾寨、東之丸、二之丸等城郭，即將攻入本丸時，攻擊卻中止了，羽柴軍突然退了回去，明明差一點就要攻破了！

秀吉對他這麼做的理由說明如下：

「軍事行動只要有六七分的勝利就很足夠了，如果將敵人徹底打敗，讓對方陷入絕境完全沒有退路，反而會使他們變得更強。」（《名將言行錄》）

為了減少自軍的損害，要避免和瀕死發狂的敵人作戰，也要為敵人留下退路。換句話說，他為別所長治留下做最終決定的猶豫空間，這是秀吉經常使用的手段。

毫無意外地，長治在數天之後決定投降，表示「希望以自己的性命來換取城兵的性命」。秀吉很爽快地同意。長治切腹之後，秀吉在幾乎沒有流血的情況下獲得一座名城，是很完美的長期戰術。

─巧妙的戰後處理才能看出秀吉的真本事─

但如果主君是織田信長，這種作法可能就有問題。因為他極端討厭慢吞吞的戰爭，喜歡速戰速決。

舉例來說，石山本願寺侵略花了十年以上才平定，主將佐久間信盛於戰後為他緩慢又拙劣的攻擊方式而被問罪，最後被流放到高野山。**換句話說，秀吉如果走錯一步，可能會跟佐久間有同樣的命運。**

但為什麼秀吉在那之後沒有被解任呢？最重要的一點應該是他了解主君的性格，所以知道從一開始就必須準備對策。

他經常跟安土保持密切的聯絡，若有必要，還會親自前往進見信長，不管是說明自己的想法，或是聽從指示，因此不會因為遠征就和信長產生聯絡的誤會，或是損害信賴關係。

再加上秀吉自己沒有孩子，讓信長的四男御次（後來的秀勝）成了繼承人。這次過繼，據推測應該是發生在攻打三木城陷入苦戰的天正六年後半到隔年之間。

一般認為，秀吉他拋下自己的弟弟和外甥，刻意做這樣的處置其實是一種自保的策略。也就是說，如果自己的遺產是由秀勝繼承，即使有失敗之處，信長對自己應該也不會太過分，秀吉抱持這種想法而跟信長結成姻親，可見其處世之道很是驚人。

另一方面，幾乎是跟三木城同時，荒木一族防守的有岡城也淪陷了。在別的篇章會提到，信長對荒木一族，包含重臣、婦孺約五百人以磔刑〈※22〉、車裂或火燒等方式處死，與此相較，秀吉對別所氏的處理非常寬大且合理。所以說，戰爭中秀吉的本色，其實展現在十分有技巧的戰後處理中。

舉例來說，別所長治的家臣中有一位中村忠滋，他將女兒獻給秀吉，表現出要通敵的樣子，於是秀吉祕密調派了一千人給他，他卻將這些人全殺了。

對這樣的中村，秀吉認為：

※22　磔刑，在日本使用的十字架稱之為（磔）。用該刑具執行的死刑被稱為磔刑。將犯人的手、足、胸、腰部等用繩索綑綁在刑柱上，把刑柱豎立在地面。

「為了主人，即使犧牲最愛的女兒也要盡忠，實在非常了不起。」

於是在戰後賜給他三千石，把他當成家臣對待。

據說這個事實讓播磨的武士既驚訝又感動，所以之後才願意臣服於秀吉。因為是秀吉，中村一事也可能是他為了達到宣傳效果所用的策略也說不定，但他跟信長不同，很明顯不是用「恐懼」，而是以「仁德」讓人臣服，因此秀吉的戰後處理獲得很高的評價。

如上述這般，**三木城的長期戰術其實是深謀熟慮下的產物，過程中秀吉並不是只圍城，什麼都不做，而是為了可以更順利的平定中國，在檯面下嘗試各種策略手段。**

結果，他成功讓領有備前（現今岡山縣東南部等地）、美作（現今岡山縣東北部）的宇喜多直家，以及伯耆國（現今鳥取中部和西部）的羽衣石城主南條元續等毛利陣營的大名加入自家陣營。

透過這樣務實的努力，形勢逐漸逆轉，在三木城陷落後，秀吉就像是解開了束縛般展翅高飛，接連平定播磨、但馬（現今兵庫縣北部）兩國，並在天正八年六月，侵入因幡國（現今鳥取縣東部），包圍鳥取城。

接著就來介紹鳥取城之戰吧！

鳥取城斷糧作戰

不戰而屈人之兵！尋求各種手段的秀吉！

—不敵秀吉心理戰的山名豐國—

織田信長的中國攻略從天正五年（一五七七）正式展開，他任命羽柴秀吉為主將，從十月開始平定播磨國。比起靠白刃戰取得勝利，秀吉的戰略特徵在於，他更重視政治謀略等事前工作或外交作戰。

不戰而屈人之兵才是最上乘的作法，為此需要採用各種手段。像是藉由正確掌握對手的特質、立場、敵區的民情或家臣間的人際關係等，利用甜言蜜語或人情巧妙地誘降，或是設法讓敵人內部分裂，使敵人自取滅亡。

原本秀吉這種作戰方法進行得非常順利，但如前面提到的，在天正六年（一五七八）二月，播磨國三木城的別所長治，以及十月有岡城的荒木村重的反叛，讓原本降服織田氏的諸將開始動搖，紛紛轉而投靠毛利氏。

因幡國的鳥取城主（現今鳥取縣鳥取市）山名豐國也曾在秀吉的中國攻略戰開始時，短暫地臣服織田氏，不過在三木城背叛之後，就立刻倒向毛利陣營。

天正八年（一五八〇）正月，三木城終於被攻下，秀吉正式展開對山陰地方的侵略。同年四年派兵前往但馬國、五月往因幡國，自己也在六月前去因幡，攻下若櫻鬼城（現今鳥取縣八頭郡若櫻町）、私部城（同八頭郡八頭町）、鹿野城（同鳥取市），並前進鳥取城圍攻山名豐國。

秀吉同時對豐國給予糖果和鞭子：

「若投降，可以獲賜因幡一國；如反抗，你的女兒將會被施予磔刑，城也會被毀滅。」

秀吉的狡黠之處在於，他不單純只威脅要殺死對方，而是實際將山名氏的人質帶到城下，用真實的視覺畫面來脅迫對方。但即便如此，豐國仍不願意屈服，於是秀吉就將人質一一刺死，最後反綁豐國的女兒，用槍尖抵著她，脅迫豐國投降。

豐國對女兒的溺愛眾所皆知，於是秀吉利用這點，進行有技巧的心理戰讓豐國動搖。之後豐國不顧重臣們的反對，終於向織田陣營投降。

但秀吉最後仍對山名氏在反叛之後沒有立即投降一事問罪，並沒有如原先的約定，賜予因幡一國，只給了兩個郡。

山名氏重臣中村春續和松下道譽不滿秀吉違反約定，於是在同年九月二十一日，將窩囊的主君山名豐國趕出了鳥取城，轉而向毛利氏投誠。

—被切斷糧食供給道路的「天空之城」—

當時毛利氏負責攻略山陰地方的是當主輝元的叔父吉川元春，於是春續和道譽立刻聯絡元春，表達他們的請求：

「鳥取城為因幡之要地，正在與秀吉的大軍作戰，請務必派遣吉川一族的名將前來。」

元春收到請求後，決定派出石見國福光城主（現今島根縣大田市）吉川經家這位知名勇將。

於是在天正九年（一五八一）二月底，經家先將家產託付給嫡子龜壽丸，然後帶著自己的首桶（斬首後裝入首級的桶子），在三月十八日進入鳥取城。看得出來他早已抱著必死的覺悟。

鳥取城位在標高二百六十三公尺的久松山山頂，被形容為是：

「四面隔絕的險峻山城。」（《信長公記》）

「獨立於巍峨高山之上。」（《太閤記》）

是座宛如用開山刀將圓木四邊削落般的天空之城，不但難攻，在本丸還有傲人的三層天守〈※23〉。此外在久松山西北部還有雁金山（標高一百三十九公尺，現今鳥取市）矗立，有山路可和鳥取城往來合作。

吉川經家讓鹽冶高清前往雁金山加強守備，同時為了確保加露港和鳥取城之間的補給路線，將獨立於港口和城之間的地丸山要塞化，派山縣左京進、奈佐日本助等五百人防守。

這是相當堅強的防禦，萬一丸山城或雁金山淪陷，堅固的鳥取城只要糧食足夠，撐上幾年也沒問題。

然而，眼前最嚴重的問題正是糧食不足。經家入城後對這件事感到驚愕，立刻和父親經安聯絡。為了回應兒子的要求，經安提供了一百銀給吉川元春，懇請他運送兵糧到鳥取城。

※23　天守，日本城堡中最高、最主要也最具代表性的部分，具有瞭望、指揮的功能。

秀吉軍的鳥取城包圍陣圖〈天正九年（1581）〉

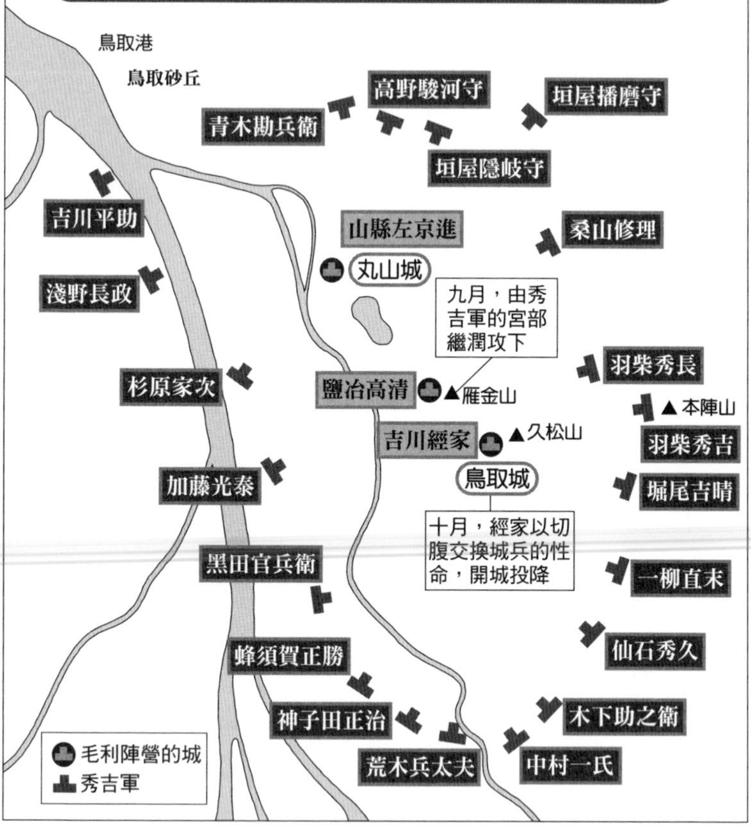

元春雖然將穀物經由丸山城送至鳥取城，但量卻很少，之後毛利氏就沒有再送糧食入城，因為秀吉大軍的入侵完全切斷了往鳥取城的糧道。

但鳥取城的兵糧之所以會耗盡，其實是秀吉很有技巧地買斷因幡國中的糧食。**秀吉知道山名氏發生政變後，祕密雇用若狹國（現今福井縣南部）的商船，將送往因幡國的穀物，用高於時價數倍的金額買取囤積**。至於雇用若狹商人的理由，是為了避免敵人察覺到自己的行為。農民很高興地販售米糧，連鳥取守城兵都沒有發覺敵人的詭計受到誘惑，爭相售出城內的米糧。

原本秀吉就認為，要攻下險要的山城鳥取城，不可能只靠武力一味強攻，所以一開始就做了長期抗戰的打算，也才決定使用這個手法。

但秀吉厲害之處不僅如此，他徹底燒毀鳥取城下町，故意對領民造成傷害，將他們趕入鳥取城內避難，讓城內的人數因此增加到四千人。

而且當中有一半都是非戰鬥人員。他們不但對戰爭沒有任何幫助，還會消耗跟士兵等量的糧食，所以在圍城戰開始之後將會加快糧食的消耗。完成這些巧妙的事前準備工作之後，秀吉率領大軍在同年六月底出發，開始建立鐵壁般的包圍陣。

久松山往東一．五公里有一座標高二百四十一公尺的帝釋山（本陣山），秀吉將本陣〈※24〉設置於此，並從七月一日開始動員了大批人力加強城郭的營造。到了十月左右，從護城河、圍牆、瞭望台到樓門都已完成，建造進度相當驚人。

而且本丸土壘高度超過五公尺，郭內的町屋〈※25〉有十町，因幡及伯耆的商人可以在此開市買賣。換句話說，目前的情況不單只是要蓋一座支城，而是會出現一座凌駕鳥取城的山城。

秀吉軍還在鳥取城、雁金山和丸山城的周圍，挖了深達八公尺、全長十二公里的無水壕溝，並設置好幾層堅固的圍牆和柵欄，還建立了一公里約三層樓高的瞭望台，配置騎兵二十人，弓兵一百人。此外，隔五百公尺就設有一個哨站，並配置五十人負責監視。

為了防止毛利軍利用河川運送兵糧或是守城兵逃離，流經城附近的袋川和千代川都設置了障礙樁，圍起繩子，且夜間還會用無數的提燈和火把，將周圍區域照得比白天還亮，可謂連隻螞蟻都爬不出去。

鳥取城守城兵原本以為，只要能堅持守到十一月，即使沒有毛利軍的支援，羽柴軍也會因大雪而不得不撤退。但以長期對抗為前提所設置的鐵壁包圍網，輕易地粉碎了守兵的期望。

※24 本陣，主要用來指戰場上總大將大本營的所在位置。

※25 町屋，位在都市主要道路旁，好幾間緊連在一起的商店和住家一體式建築物。

同年八月，被殷切期盼的毛利水軍滿載著糧食出現在千代川河口，但卻遭遇細川藤孝所率領的織田水軍攻擊，最後毛利陣營被奪走了五艘運輸船，水軍的將領鹿足元忠戰死，毛利水軍因為這些損傷而不得不撤退。氣勢如虹的織田水軍還進一步前往伯耆國泊城（現今鳥取縣東伯郡湯梨濱町），成功擊破六十五艘毛利戰船。

守城兵接獲這些消息後士氣更加低落。在攻城過程中，秀吉還日夜不停地敲鐘打鼓、高聲吶喊，並不時向城內發射鐵砲及燃火的箭矢，製造不安的氣氛，使守城兵因害怕、失眠而導致精神衰弱。

此外，秀吉也在城外開市販賣食物，不僅高聲叫賣，還從大城市請來藝人，舉行盛大的歌舞表演等，有效挑起了厭戰的氣氛。雖然這做法有點奸詐，但效果卻非常好。

這心理戰不僅針對敵人，同時也針對自己人。因為長期對峙不打仗會讓士兵越來越疲勞，秀吉從年輕時就飽經風霜、不斷轉換職業，他比任何人都了解人的心理，因此透過開設市場、招來藝人等這些讓日常產生變化的行動，防止自軍的士氣低下。

在這個時代，大將為了保持威嚴，平常不輕易出現在人前，也不和士兵搭話，但秀吉並不但不在意這些慣例，經常出現在大家面前和士兵搭話。在鳥取的陣地中，他每天會乘轎巡視陣地兩次，親切地跟地位較低的人說話或給予鼓勵。

大將這種親切的態度，當然會贏得士兵的好感。因為部下高度的信任，羽柴軍經常呈現活潑明亮的氣氛，沒有因長期戰爭而產生的倦怠感，可說是非常成功的收買人心術。

—城將・吉川經家令人欽佩的結局—

到了九月，秀吉麾下的宮部繼潤攻陷了雁金山，切斷了從鳥取城到雁金山，再經由丸山城的聯絡補給線，完全孤立了鳥取城。這時守城軍已深陷飢餓狀態，有越來越多人想半夜越過包圍網偷偷出城，但每次都會被發現，並被斬首示眾。

當時毛利軍的主力宇喜多直家正在備中（現今岡山縣南西部）、美作等地作戰，吉川元春也正轉戰山陰地區，兩邊都難以救助鳥取城，但城將經家並不知道這個狀況，仍焦急地等待毛利軍出現。

到了十月，城內的糧食已消耗殆盡，出現了各種慘況：

「像餓鬼般瘦弱的男女，前往柵欄邊，焦慮求助，高聲悲鳴，其可憐的樣子令人目不忍睹。」（《信長公記》）

但秀吉並沒因此心軟，破壞柵欄試圖逃跑的守城兵都會被鐵砲擊倒。而被鐵砲打中者則會出現這樣的狀況：

「人群聚集在還留有一口氣的人身邊，手持刀刃將其支解，取其肉，連家人也不放過，甚至因為頭顱、脖子特別美味，不擇手段互相爭食，看了令人想逃。」（同前書）

終於開始吃起了人肉，當中因為人的頭顱很美味，人們互相搶奪的情形，實在非常寫實又可怕。也因為出現了這種狀況，經家終於放棄抵抗，對秀吉提出想用自己的性命作交換，要求放過守城軍。

秀吉很欣賞經家的氣節，原本約定會將他送回吉川元春的身邊，但同時要求背叛山名豐國的不忠之臣中村春續和森下道譽必須切腹，不過經家認為自己才該負起責任，無論如何不能逃過自裁，所以秀吉最後也同意了。

經家在給一族和家族的遺書提到：

「我將在毛利氏與織田氏對決的國家大戰中切腹，希望能留名後世，以一人切腹拯救他人，作為吉川一門的光榮被長久傳頌。」

之後，十月二十五日，經家進入郭內的真教寺，果斷地切腹自殺。

秀吉遵守約定，將守城軍全數釋放，並在自軍幾乎沒有犧牲者的情況下，得到這座天下名城。

這場戰爭之後被稱為「鳥取斷糧」，利用鐵壁般的包圍網、巨大的支城以及有效的心理戰，就如水攻高松城、小田原攻略備受矚目一般，也可說是秀吉攻城戰的典範。

第4章 可恥的愚將們

石田三成

為了搶功連自家人都騙！全天下都知道他不會打仗

—作為攻下小田原布局一環的「忍之浮城」—

在畿內〈※26〉樹立政權的豐臣秀吉，發布了關東奧羽惣無事令（禁止私鬥）。天正十七年（一五八九）十月，後北條氏違反了這個法令，奪取了真田昌幸的名胡桃城，因此秀吉便以違反法令為藉口向後北條氏宣戰。

當主北條氏直雖然努力辯解，仍無法取得秀吉的原諒，因為這畢竟是統一天下的絕妙機會。天正十八年四月三日，豐臣軍以空前絕後的二十二萬大軍攻向小田原城，後北條氏也全體動員，準備以五萬六千人守城。

小田原城過去遭受武田信玄和上杉謙信的攻擊都未曾陷落，在那之後又大幅改建，將城下町也劃入城郭之內，變成一座巨大的堅城。所以秀吉判斷，如果要攻下

※26 畿地，五畿七道是古代日本全土在律令制下的行政區域劃分。「五畿」指近畿地方內的五個令制國，又稱「畿內」或「五畿內」。

這座城，一味用武力進攻是不可能的，因此提出了要建造城池以對抗的持久戰。

同時，他將大軍編成好幾隊獨立隊伍，迅速擊破散落在關東各地的後北條氏所屬支城。讓小田原從物理上及心理上都被孤立，等時間到了自然會開城。於是關東地區的各座城，接連被豐臣軍攻破。

忍城（現今琦玉縣行田市）是後北條陣營眾多支城的其中之一，對秀吉來說，它不過是可以誘發小田原城自我毀滅的催化劑。但對忍城的攻擊，卻出現了意外的結果。

忍城之主為成田氏長，成田氏的祖先是三大書法家之一藤原行成的次男忠基。忠基作為武藏守居住在武藏崎西部，據說其子孫助高移居到成田（現今埼玉縣熊谷市上之）之後，就被稱為成田氏，而侵入忍城則是在成田氏十五代——親泰（氏長的祖父）的時候。

親泰雖然侍奉關東管領山內上杉家，但在延德二年（一四八九），侍奉敵對扇谷上杉氏的忍大亟突襲，滅掉原本的忍之一族之後，支配了忍氏，並開始在此地築城。他依據傳統方式，在大沼澤中填土，非常用心地建築城郭，而這座城正是所謂的忍城。

根據《新編武藏風土記稿》紀載，這座忍城：

「乃為平城，座東朝西，建有本丸、二丸、三丸及內外曲輪、櫓台、十二座城門。本城的外曲輪原本就有池沼及深田，位於要地之上，為關東七名城之一。」

這座名城建於荒川及立根川之間的溼地上，別名為「忍之浮城」，若從遠方眺望，整座城宛如浮在沼澤地之中。

水攻作戰失敗讓陣地變成泥沼

忍城被豐臣大軍包圍時，城主成田氏長不在城中，因為氏長已和弟弟泰喬帶著五百名騎兵前往防守小田原城。留守在城內的是以城代．成田肥前守泰季為首的成田長親、本庄泰展、正木丹波守、坂卷靭負等族人和老臣，但據說實際掌權者為氏長的正室太田氏。

太田氏是被稱許為關東名將的太田三樂齋的女兒，她在豐臣軍來襲之前，召集了重臣舉行作戰會議，會中提出了各種意見：「要在利根川之前進行原野戰」「還是詐降讓敵人放下戒心，在趁夜展開攻擊」，但最後決定採用籠城戰。

籠城戰前夕，他們先將住民集中在城內，讓軍容看起來很盛大，實際上城內只有武士六十九人，步兵四百二十人，加上進到城內的農民和町人還有孩童，總人數也才三千七百四十人。

但即將在六月四日攻來的豐臣軍，人數是二萬三千人遠遠超過這個數目。總大將為秀吉的寵臣石田三成，並以大谷刑部少輔吉繼〈※27〉、長束正家為副將，加上佐竹義宣、佐野了伯、宇都宮國綱、結城晴朝、北條氏勝等關東的諸將和降將。

三成將本陣設在渡柳（離忍城四公里遠的地點），隔天早上開始攻擊佐間口（城的東南方）、下忍口（城的南方）、長野口（城的東北方）。但因為通往城的道路極為狹窄，道路兩側廣布著水田和沼澤地，雖然城本身受到猛烈的槍擊，但豐臣軍卻無法順利推進。

三成雖然命令諸將再次進攻，但因為守城軍士氣高漲，加上道路狹窄侵入困難，攻城士兵反而被溼地所困，進而節節敗退，因此三成決定徹底改變戰術，仿效豐臣秀吉對毛利陣營的備中高松城（現今岡山縣岡山市北區高松）所採用的水攻。

※27　刑部省，日本古代律令制下的八省之一，明治時代後改為司法省，一九四八年後改為法務省，少輔為當時的官階。而大谷吉繼是日本戰國、安土桃山時代的武將和大名，被敘任刑部少輔，此後被人稱為「大谷刑部」。

大家都知道，秀吉在天正十年（一五八二）五月，在備中高松城的攻城戰中採用了水攻，反過來利用高松城建在溼地上的地形，將它變成一座監牢。作法是圍住城四周的堤防，把流經附近的足守川水引進堤防內將城淹沒。

想到水攻的人是秀吉的軍師黑田官兵衛，而之所以能將這種異想天開的作戰付諸實現，則是因為秀吉擁有土木工程天分。

圍住高松城的築堤工事只花了十九天就完成了，將水引入堤防內後，可以看見城慢慢被大水包圍。這時恰好是梅雨季節，河川水量不斷增加，高松城完全失去了戰鬥機能，守城兵再過不久就會被淹死。但就在這時候，毛利輝元為了拯救高松城，派遣了僧侶安國寺惠瓊作為使者，試圖與秀吉談和，以城主清水宗治切腹為條件，換取城兵的性命。

三成是秀吉的近侍，親眼目睹了這次的水攻，所以認為這個方式也適用於攻打忍城，是考量到忍城立地條件的巧妙方案。

但這次的作戰並非持久戰，秀吉希望可以迅速攻下各支城。因此為了迅速完成在城的周圍築起堤防，將川水引入淹沒忍城，三成支付了高額的報酬，集合了數萬名工人，日以繼夜地趕工，僅花一週就完成了全長十四公里的堤防。

同時，忍城中的領民也會在夜間偷偷出城參加築堤工事，並用得到的報酬購買米糧運入城內，但最終還是被發現了。三成得知這件事後說道：

「不用理他們，反正作戰成功之後，守兵跟米糧都會被水淹沒。」要求以完成工事為優先。

堤防修好之後，三成立刻將利根川的水引入城內，但因為接連好幾天沒下雨，水量有些不足，只好再穿過荒川將水引入，終於讓堤防內灌滿了水，但卻沒有達到當初想要的效果，忍城並沒有被水淹沒。

不過這時候幸運的時情發生了，七月十六日下起了非常大的雷雨，洶湧的大水從水量暴增的荒川和利根川大量湧入堤內，忍城被水淹沒只是早晚的問題。

在下忍口警戒的守城軍本庄泰展，選出部下脇本利助、坂本兵衛等十幾位水性較好的士兵，趁夜逃出城外前往堤防，成功地破壞堤防的兩處，從潰堤堤防噴出的大水反而直接流向攻城軍，導致石田陣營有超過二百七十人因此犧牲。

而且堤防潰堤之後，忍城周邊都變成了泥沼，馬根本無法站立，一時間，又更難接近忍城了——水攻作戰以完全失敗告終。

欺騙友軍還偷跑，最後還是慘敗

六月下旬，秀吉下令淺野長政、真田昌幸等人率領六千人增援石田軍。守備持田口的守軍成田近江守與市田太郎（城主氏長的妹婿）派遣了密使，到剛抵達的淺野長政的陣營中，想與他私通，他們提出：

「偷偷地打開城門，將淺野軍帶入城內。」

其實在這個時候，一直輔佐太田氏的城代・成田泰季病逝了，城內的向心力低落，而且他們得到城主氏長在小田原城卻與豐臣陣營私通的消息，所以成田近江守等人的行動正是對此情況感到動搖的結果。

令人驚訝的是，成田氏長私通一事確是事實。

氏長是一位喜歡連歌〈※28〉、受過京都里村紹巴教導的文化人。秀吉的右筆〈※29〉山中山城守長俊也是里村的弟子，所以在這之前，氏長跟長俊就是有書信往來的朋友。秀吉知道這件事後，為了讓忍城開城投降，便透過山中長俊與氏長私通。

氏長很快就了解了秀吉的勸降。之後秀吉刻意將這件事透露給後北條氏，讓氏長受到後北條氏的懷疑，使得在小田原之內的成田軍，被圍在護城河與柵欄之中，

※28 連歌，俳句的前身，在鎌倉時代興起，為日本傳統詩型的一種。

※29 右筆，武家的秘書，一開始的職務為文章代筆，後多為記錄公文或書寫重要文件，可左右國家政策。

受到友軍的監視。

但不管怎麼說，若攻城軍同意與成田近江守私通，忍城很快就會陷落，不過令人難以相信的是，大將石田三成卻對他們的提案置之不理。

如果因守城軍背叛，忍城很快就陷落，採用水攻戰術卻失敗的自己就顯得很無能，戰功全都會被淺野長政搶走。三成對這種情況感到害怕，所以欺騙淺野長政：

「其實我從守備行田口的城將那裡得到更確實的私通請求，我想派你到那邊。」

長政相信了石田，在七月一日前往行田口，但那裡不但沒有什麼私通，還受到敵人猛烈攻擊而不得不撤退，三成實在是很過分的大將。

之後，攻城軍預定在七月五日發動總攻擊，決定從下野口、長野口、佐間口三方面同時進攻，負責的人分別是：下野口石田三成、長野口淺野長政，佐間口大谷吉繼。

但是到當天，大將石田三成急於搶功竟然偷跑。聽到呼聲知道事實的長政激憤不已，親自下達進擊指示，立刻開始壯烈的戰鬥。

淺野軍和長束正家軍一同驅散在野外紮營的敵人，殺往行田口，但守將島田出羽守和今村佐渡守很積極地防禦，加上佐間口的守將正木丹波守在得知友軍的危機後立刻馳援行田口，襲擊攻城軍的背後，讓淺野軍和長束軍死傷六百多人而不得不撤退。

另一方面，大谷吉繼軍比石田和淺野晚一步才攻向佐間口，也在守備兵的奮戰下無法前進。就在這時候，擊退淺野軍的正木丹波守的軍隊即時回防，又擊退了大谷軍。

在這波總攻擊中，守備軍齊心協力拚命奮戰，連成田氏長的女兒甲斐姬也親自披上甲胄、手持半弓上陣。

至於偷跑的石田三成，他遇到肩負守住城壁〈※30〉的守將坂卷靭負，他擺出了背水之陣，守備兵展開激烈的抵抗，造成石田軍慘敗，犧牲近三百人，傷者則有八百人，最後只能倉皇撤退。因此，豐臣軍的總攻擊最後以完全失敗收場。

但在這一天，小田原的北條氏直向豐臣秀吉屈服，開城投降。換句話說，在這個時間點，忍城是後北條陣營唯一沒有陷落的城。

※30　城壁，圍住城周圍的防禦壁。

—因為討厭三成，寧願玉石俱焚也要對抗到底？—

總攻擊兩日後的七月七日，向秀吉投降的城主成田氏長，派遣家臣松岡石見守作為秀吉的上使，與神谷備後守一同前來忍城。松岡傳達了小田原開城的事，命令忍城也解除武裝立刻開城。

忍城立刻召開了會議，決定遵從主君氏長的命令，對攻城軍開城。原本看似能平安無事地將城交出去，但守城軍的態度卻突然轉硬，再度擺出抵抗的姿態。

因為石田三成對守城軍加了以下的限制：

「退城時一人只能帶出一眈（一匹馬可以背負的行李）的行李。」

這是付出了很大犧牲仍無法攻下忍城的石田三成和淺野長政對守城兵的報復手段。如果不想只帶出一眈分的財產則將會遭到放逐，結果也只會餓死。守城兵知道這件事後，決定再次展開抵抗：

「反正都要死，不如在城中抱著枕頭華麗戰死。」

秀吉知道這個消息後，下了這樣的指示：

「城兵說得很有道理，讓他們自由地帶走家什或財產吧。」

因此在七月十六日，忍城終於開城投降。

之後忍城做作為守護江戶城北邊的要害而受到重視，歷代都分封給德川家的元老大名。

另一方面，秀吉於戰後沒收了忍城主成田氏長的領地，以交付金九百兩和唐之頭（裝飾有野犛牛毛皮的頭盔）十八頂的代價饒他一命，並將他交由會津的浦生氏鄉看管。

但在隔年的天正十九年（一五九一），他又突然被賜予三萬七千石，封為烏山城主（現今栃木縣那須烏山市）。這都是托他曾在忍城奮戰的女兒甲斐姬的福，因為秀吉看上了她的美貌，將她納為側室。

不論如何，石田三成因這場合戰名聲大幅下滑。他雖然是秀吉的寵臣，還是官吏，在豐臣政權中也握有大權，卻永遠留下了不會打仗的評價。

荒木村重

有岡城本丸的悲慘人質交涉！被全族唾棄的男人

─「我哪裡做不好？」──荒木村重謀反之謎─

信長異常寵愛荒木村重是因為對他第一印象非常好。

元龜四年（一五七三）三月，織田軍前往京都之際，村重就在途中等待信長宣示效忠。村重在攝津北部有很大的勢力，所以信長非常高興。

當時，信長拔出了太刀，用刀口串起手邊的饅頭拿到村重面前，想要測試他的膽量，但村重完全不受影響，面不改色地大口吃起饅頭。

這種個性的男性深得信長喜愛，立刻讓他成為家臣加以重用。因為村重超乎預期的活躍，信長竟然將攝津一國賜予村重，破例拔擢他成為重臣。

因此信長聽到村重反叛的時候，完全不敢相信，他低聲說道：「我哪裡做得不

夠？」（《信長公記》）

信長應該受到不小的打擊吧。

他立刻派遣使者前往村重所在的有岡城（現今兵庫縣伊丹市），想確認他的心意。而被逼問的村重立刻交出生母作為人質，發誓自己沒有叛意，但卻沒有回應信長的召見，繼續躲在城中。在這之後，信長也少見地多次派出使者，努力想說服他，但村重卻將使者全趕了回去，甚至當黑田官兵衛來訪，還將他幽禁在城內。

到了這個地步，信長在仍然不知道他為何反叛的情況下，帶領大軍包圍了有岡城，時間是天正六年（一五七八）十月，那麼到底為何村重決心謀反呢？

其實原因還真的不名。是因為包圍石山本願寺期間，村重的部下偷偷將兵糧賣給本願寺，他害怕這件事被發覺嗎？或是在毛利氏、石山本願寺、上杉氏等勢力的信長包圍網之下，對織田家的將來感到悲觀而決定拋棄信長呢？

村重的說法，在《武功夜話》中有如下的記載：

「信長之所以被各國圍剿，乃因他違背了佛意，燒毀各個法地，殺害眾多僧侶法師，其惡行令人心驚。」

村重臣服於信長的數年間，信長對本願寺教團所發起的叛亂進行大規模虐殺，對敵人殘酷地處刑。村重應該親眼目睹了許多令人不忍直視的拷問，甚至可能不時因信長的命令而前往執行虐殺。村重信仰虔誠，可能因此覺得良心受到苛責，特別是在用暴力手段奪取毫無抵抗的投降者性命時。

信長對敵人的處罰非常殘忍這一點，可說是超過當時所有武將。他將背叛自己的淺井久政、長政父子首級上漆或塗上金銀，做成裝飾品，展示給家臣。不只如此，他還逮捕了久政夫人，每天切一根她的手指下來，藉由她的哭喊聲取樂，隨後殺害她。另外，長政跟阿市（信長之妹）所生的九歲兒子也被串刺殺死，這孩子算起來是信長的外甥。

順帶一提，所謂的串刺刑在活著時執行會因為掙扎而無法施行，所以是對著遺體從肛門插入槍尖，之後由口部穿出。

信長還對曾鄙視自己的叔母施以倒吊磔刑。

但是最可怕的當屬杉谷善住坊的例子。他曾試圖狙擊信長，被處以鋸挽之刑。這個刑罰是將人的頭埋入土中，用竹製的鋸子慢慢切割頭顱一直折磨到死。因為竹製的鋸子很鈍，不會立即死亡，有時刑場會設在人來人往的地方，讓通過的人來拉動鋸子，是非常殘忍的刑罰。善住坊在歷經七天的折磨之後，才終於斷氣。

─帶著茶具和愛妾逃亡的城主─

面對大軍的包圍，有岡城堅持了將近一年。這座城的大城郭將町地包入城內，最初毛利氏、石山本願寺曾協助提供兵糧，但隨著織田信長逐步切斷所有補給線，城內的糧食漸漸不足，加上一直等不到毛利軍的援軍，守軍的士氣日漸低落。

陷入苦境之時，村重對前途感到絕望選擇棄城逃亡。不是城兵逃跑，而是城主自己捨棄部下逃亡。他對妻子和重臣什麼都沒有說，卻沒有忘記要帶走心愛的茶具和愛妾。

村重偷偷出城後，進入了兒子村安（或村次）所在的尼崎城（現今兵庫縣尼崎市）。織田軍察覺了此事，開始對有岡城發動總攻擊。沒有城主的城特別經不住攻擊，加上城內有內應打開城門，織田軍一下子就攻打到郭內。

敵兵的侵入讓城內百姓陷入混亂，一邊哭喊一邊逃跑，不論男女老幼都被織田軍無情地斬殺。即使想投降，信長也不允許，照樣毫不留情地砍下頭顱。

城郭一座接一座陷落，終於本丸也被織田軍攻陷，在本丸中躲著的是荒木一族和重臣的家族。

信長對荒木氏的重臣提出這樣的交換條件：

「如果村重交出尼崎城，就釋放有岡城本丸的全數人質。」

他們很高興地接受這個條件，以荒木久左衛門為首的重臣被派到尼崎，在城下拚命進行交涉。久左衛門透過城兵，將多子（村重之妻）所作的和歌送給了村重，哀求他能接受信長的要求。

草木因霜枯萎，獨自被拋下的我，八重葎，難波之浦，那裡的水痕。

在草木因霜枯萎時被拋下，像八重葎般苟活在荒廢的城中，還不如在難波海中浮沉。多子的和歌中可看出怨恨丟下自己逃跑的丈夫，但也有強烈的思念。

不過村重並沒有心動，不但送回和歌，到最後都沒有讓久左衛門進到城內，完全不想跟他們談話。重臣們正處於對交涉感到絕望的階段，加上悲觀地認為回到有岡城也只會被織田軍殺死，所以全部的人竟然為了想要活命而當場逃亡。

主君村重有他的立場，家臣也有自己的立場，但最可憐莫過於本丸的人質。知道村重拒絕和家臣逃亡後，所有人都變得很哀傷，有人露出無力的笑，也有過於沮喪不知如何反應的孕婦，還有抱著年幼的孩子來回走動的母親，以及因丈夫背叛而哭喊的妻子。

據說連織田軍看到這個樣子都感到不忍而流下眼淚，人質的領袖池田和泉守由於過於震驚，拿鐵砲轟向自己的太陽穴，擊碎頭顱自殺而亡。

要懲戒村重——被遺留人質的悲慘結局

天正七年（一五七九）十二月十二日，信長下令將荒木一族帶到京都處刑。當天夜裡荒木一族約三十人，從城裡被帶出來，連夜步行前往京都，被關入設在妙顯寺的牢房。

另一方面，被留在有岡城本丸的六百多名人質，隔天被粗暴的織田軍趕出本丸，集中靠近尼崎的七松。之所以選在這裡處刑，就是要讓某人看見。**織田會選擇這個場所，目的就是為了讓村重看見，從尼崎城雖然看不清楚人臉，但可以很清楚地遠望這些人質的身影。**

因為即將面臨死亡，有許多女性穿著美麗的服飾，但是親眼看到倒在一旁的礫柱，想像自己即將變成屍骸的樣子，人質們不禁害怕得顫慄發抖。

因為聽說將進行大量處刑，周圍村子的農民逐漸往七松聚集。七松立了一百二十二根的磔柱，這麼多人同時執行磔刑，可說是前所未聞。

而且被綁上去的全都是女性，色彩鮮艷的小袖〈※31〉飄然，展現出不像在刑場的華麗景象，但讓人於心不忍的，是帶著孩子的女性全都抱著孩子一起被綁，幼小的孩童對即將發生的事完全不知情，只是被嚇得不斷發抖。

而信長竟然親自蒞臨刑場。

準備好之後，立刻開始處刑。人質一個接著一個被槍刺死，執行死刑的人面無表情且毫不留情，一邊發出「啊咧！啊咧！」這種怪異的吶喊，一邊用全身的力量從斜下方提槍突刺然後拔出，拔出之後又再度刺入。

為了給予致命的傷害，當時作法是要刺到槍頭完全埋入身體裡，轉動之後再拔出來，因此傷口會變得很大，而且會噴出大量鮮血。

刺了十幾下後，噴血的情況減緩，一般人到這時會精疲力竭，看到這種情形，執行的人就會用耙子之類的道具勾起受刑人的頭髮往上提，將槍刺入咽喉殺死。

※31　小袖，日本傳統服飾的一種，現代和服的原形。

這種磔刑跟斬首不同，不是瞬間就死去，而是必須在很短暫的數分鐘間，經歷極大的痛苦，因此無法忍受疼痛和恐怖的女性們，發出了驚天動地的悲鳴，在生命結束之前不斷哭喊。

因為好奇而圍過來看熱鬧的人，見到這樣悲慘的景象都嚇破了膽。有人摀住眼耳蹲下，也有不少人吐出來，接二連三地有人昏倒，只要是目睹過這次慘劇，將近一個月，都無法擺脫人質們因恐懼而扭曲的表情和悲鳴，以及渾身是血的畫面。

但處刑並不是只有磔刑就結束了。剩下將近五百名男女，被趕到刑場附近的四間民房監禁，不管是看熱鬧的人還是人質自己，一開始都不知道為什麼要這麼做，不過當前來的織田兵抱著枯草和木柴堆積在民房周圍，開始有人意識到接下來會發生的恐怖事態。

人質們陷入恐慌，試圖逃到外面，盡全力撞門，或者用全身力氣踢打牆壁，但房子依舊完好。

已經無路可逃了——認知到這個事實後，人質們拚了命地發出聲音向周圍求救，請求饒命。但即使想救，圍觀的人也無計可施。人質的聲音到最後都沙啞了，發出來的聲音已不像人聲，而像野獸因苦痛的折磨所發出的悲痛聲響。

枯草和木柴高高地在民房四周堆起之後，出現了舉著火把的士兵，毫不猶豫地點火。因為是隆冬的乾燥時期，火焰緩緩跳動幾下就整個燒起來，迅速蔓延到民房的外牆，開始產生出焦味，濃煙一邊旋轉一邊進入到屋內。

咳嗽的聲音、嗆到的聲音不絕於耳，不久就只聽見自己回音，火已經燒到屋子，火焰開始侵入，襲擊屋內的人質。

「乘著風飄移，像堆起的魚不斷上下翻騰交纏，非常炎熱的火焰令人窒息，不斷傳出高聲的悲鳴，隨著煙在空中響起，讓人想斥責獄卒。」

《信長公記》對於火刑的情況有詳細的描寫，就像是出現灼熱地獄一樣。

處刑之後，將近六百人的遺體都沒有妥善處理，只是被丟在原地，過了幾天之後，就有狗、貓、鳥等動物來分食啃咬，屍體變得更加殘破不堪。但是被織田軍包圍的尼崎城兵，在自己家人及朋友的屍骸面前，卻什麼也不能做，只能慟哭卻無助於撫平心中的悲痛。

─信長死後──獨自逃跑又苟且偷生之人的末路─

信長隔天回到京都前往妙覺寺，宣告拘捕在妙顯寺的荒木一族將在十六日行刑。荒木一族得知這個消息之後，給予寺方謝禮，請僧侶賜予來世的戒名，並請對方幫忙準備壽衣和佛珠，留下遺書給親人，或是寫信和認識的人告別、確認辭世詩〈※32〉句等心理的準備。

十六日上午八點，迎接的車輛一台接著一台抵達妙顯寺，每台都載著數名荒木一族離開寺院，荒木村重懷著身孕的十五歲年輕女兒，以及八歲和十一歲幼小的孩童身影也在其中。

數百名織田陣營的武士，握著比人還高的槍及長刀，跟在車子的前後，荒木一族乘坐車子，被拉著慢慢地在上京一條的辻與室町通之間的街道巡迴，最後才前往刑場所在的六條河原。

京都各處已經張貼了處刑的公告，沿街站滿了看熱鬧的居民。荒木一族雖然暴露在眾多好奇的目光之下極為屈辱，但畢竟是武士一族，多數沒有露出慌亂的模樣而一直維持著凜然的態度。

※32 辭世詩，日本一種文學形式，一般指在即將死去的時候詠誦的漢詩、偈、和歌等短型詩。

其中最受矚目的是村重之妻多子，在那個時代，她是被稱為可以媲美楊貴妃的美人，即使面對死亡，她也沒有表現出絲毫的恐懼，下車時仔細繫腰帶，重新紮好頭髮，拉下和服的衣領露出脖子，從容不迫的被斬下了頭顱。

荒木久左衛門的十四歲兒子自念、荒木氏的重臣——伊丹安大夫的八歲孩子問到：「這裡就是死亡之所嗎？」

然後安靜地坐著，伸出了脖子。荒木一門的態度讓圍觀的人都不禁感嘆。

信長對荒木一族雖然保有敬意只處以斬首，但是對身分較低者的處刑卻非常殘酷，而且以此為樂。

有數人被施以車裂之刑。車裂是古代中國經常使用的刑罰。這種極刑是用繩子分別將單手單腳固定在兩台馬車上，讓馬車朝兩個方向全速奔馳，撕裂人體。身體裂開之後，掉出內臟，手腳也四分五裂，遺體很是淒慘，這恐怕是用來滿足信長異常的性癖。

再來聊聊荒木村重在那之後的情況吧。

結果信長到最後都沒有討伐他，他從尼崎城逃到花隅城（現今兵庫縣神戶市），在花隅城淪陷之後，又前往毛利氏的領國尾道，並在此地迎來本能寺之變。

如果他從此不再出世，一直隱居在尾道就好，沒想到在秀吉得勢之後，他竟然成為過去同僚秀吉的御伽眾（在主君身邊作為談話對象的職業），滿足於微薄的俸祿。

也有傳說村重後來剃度改名為道糞（或道薰），意思是比路上糞便還低賤的人。這可能是因為他永遠無法告慰那些被殘忍殺害的眾多族人和家臣的靈魂吧。

第5章 為了生存的謀略

志賀親次

最後的堡壘擊退島津大軍！鮮為人知的豐後名將

—接二連三變節投靠島津陣營的豐後諸將—

豐後（現今大分縣）的大友氏原本是住在相模國足上郡大友鄉的武士，當主為能直時受到源賴朝的寵愛，被任命為豐後和筑後（現今福岡縣的一部分）的守護職，其子孫便代代在豐後定居並擴展勢力。

元龜二年（一五七一），大友氏二十一代宗麟以豐後為根據地，平定了豐前（現今福岡縣東部、大分縣北部）、肥後（現今熊本縣）、筑前（現今福岡縣西部）、筑後、日向（現今宮崎縣），成為領有九州六國加上四國的伊予半國之強大戰國大名。

天正四年（一五七六），宗麟引退，將家主之位讓給了嫡子義統，但義統這個人酒品很差，經常惹事生非，所以不具備太守的威信，加上又不擅長政務，從屬的家臣多半看不起他。

因此發生了天正六年（一五七八）十月的耳川（現今宮崎縣兒湯郡木城町）之戰。大友義統為了打擊不斷在九州南部擴張勢力的薩摩（現今鹿兒島縣西部）島津氏，便以田原親賢為大將，用數萬兵力圍攻島津氏最前線的日向國高城（現今宮崎縣兒湯郡）。

但是攻城進行得並不順利，陷入了膠著狀態，大友軍還被從鹿兒島來的援軍島津義久軍玩弄於股掌間，最後無奈之下開始撤退，卻在耳川遭遇島津陣營伏兵的突襲，不但吃了大敗仗還造成二萬人戰死。

這場戰役使得大友義統的權威跌到谷底，肥前（現今長崎縣、佐賀縣）的龍造寺隆信、筑前的秋月種實、肥後的甲斐宗運、合志親為等北九州的大名紛紛叛離大友氏，使大友帝國急速瓦解，甚至根據地豐後國的田原親宏也揚起了反叛旗幟，局勢開始動盪不安。

叛離的大名當中，勢力最強大的當屬肥前的龍造寺隆信，因此北九州成為大友氏、島津氏、龍造寺氏三強鼎立的狀態。但是從天正八年（一五八〇）到天正十二年初，因島津氏和龍造寺氏也互相對立，因此九州三強維持著微妙的政治平衡。

但是在天正十二年（一五八四）三月，龍造寺隆信在與島津氏作戰時戰死，三強鼎立的狀態因此瓦解。島津氏突然間充滿活力，強勢入侵大友氏的領國，試圖以謀略和政治手段，染指與島津氏領國邊境接壤的豐後國南部（大野郡、直入郡）。在這樣的危機中，大友宗麟親自前往大坂城向豐臣秀吉求援。

期間，島津氏對豐後國南部的離間工作進展迅速，以內應津賀牟禮城主（現今大分縣竹田市）入田義實為中心，被稱為七大家，這些盤據於南郡的大友氏分支的一門眾及重臣漸漸分裂瓦解。

其中，基督教傳教士口中「豐後諸將中握有最大權力」的北志賀氏的背叛所造成的打擊最大。北志賀氏源出於大友氏始祖，是能直的八男能鄉的大友一族（三大分家之一），在南北朝時代擔任豐後國直人郡直人鄉的代官〈※33〉，後來逐漸發展成以岡城為據點。

此外，位在同郡南山城的志賀氏也是分家血脈，被稱為「南志賀」以和北志賀氏有所區別。

※33　代官，幕府直轄領地的地方官。

然而身為一門眾的北志賀氏會反叛大友氏其實是有原因的。同年，大友義統任命的北志賀氏當主志賀親守為了防止島津氏侵略，以被預測為侵入口的宇目村（現今大分縣佐伯市）為據點修築城寨。

但是島津氏大舉入侵的傳言甚囂塵上，感到害怕的親守竟然未經大友氏同意就擅自棄守，逃離宇目。大友義統震怒，便要求親守隱居。

繼承親守的嫡子親孝在那之後不久也和義統有些衝突。原本服侍義統的「一之對」這位女性被親孝偷走，因此親孝被義統處罰，要求他在菅迫這個地方蟄居。

因為陷入這種痛苦狀態，志賀親守、親孝父子通過入田義實答應成為島津氏的內應。從此以後，北志賀氏和入田氏都會向島津氏提供大友氏的情報，同時成功地讓一萬田氏、朽綱氏、戶次氏、柴田氏等有力的南部眾背叛。

不過在這當中也有人頑強抵抗誘惑，在島津氏大軍來襲時，堅持對大友氏效忠，並在最後贏得勝利，他就是志賀親次。

為了守護自己的信仰而反抗島津氏

親次是親孝的長子，這時雖然只有十八歲，但在親孝被罰蟄居之後，繼承了北志賀氏的家督。親次在十二、三歲的時候就迷上基督教，之後成為教徒，受洗名為唐・保羅。

但他的祖父親守厭惡基督教極力反對親次受洗，並計畫廢嫡。總之，親次因為基督教的事情與祖父和父親的關係變得相當惡劣。

加上**相對於大友宗麟是熱心的基督徒，島津卻嚴格禁止基督教的事對親次的行動也有很大的影響。**

如果豐後國被島津氏支配，基督教一定會遭到排擠。

因此親次為了守護自己的信仰，毅然決定與島津氏對抗。

天正十三年（一五八五）十一月，島津氏終於開始侵略大友領地（豐後國）。島津義久將島津軍分為兩股，弟弟義弘從肥後進攻，另一個弟弟家久則從日向開始進攻。

因為大友氏的南部眾背叛並協助引導進軍，島津軍很輕易地就攻下了大友陣營的各座城。家久軍從豐後重岡先到宇目，再往大野郡三重進軍，目標是大友義統所在的豐後府內。

另一方面，義弘軍於肥後進軍，從肥後國野尻進入直入郡（現為日本大分縣竹田市及由布市的部分地區），為了阻止前往豐後府內的援軍，包圍了志賀親次駐守的岡城，由先鋒大將新納忠元展開激烈的攻擊。有一種說法認為，攻城人數超過兩萬人。

但是親次所在的岡城，位在由稻葉川和白瀧川包挾，標高三百二十五公尺的高聳舌狀熔岩台地，據說是**瀧廉太郎〈荒城之月〉**〈※34〉**的靈感來源**。

「志賀親次所駐守之城名為岡城。岡城東西面寬十八町，南北有大河，四方岩壁峨然峙立，松柏森森掩閉道路，蒼苔布滿、岩石光滑，無可立足之地。」

就如《豐薩軍記》中記載的，這是座無法輕易攻下的天然要塞。

※34 〈荒城之月〉，近代日本民謠。

—運用奇策或游擊戰孤軍奮戰—

親次厲害的地方在於，他不是只想躲在要塞裡面度過危機，而是試著積極果敢地擊退對手。

在島津氏來襲之前，志賀親次在柏原口、大塚口、大戶口等肥後國侵入路線上的十二個地點配置了家臣，並與馱原城、笹原目城、鬼城（現今全是大分縣竹田市）等支城攜手合作。運用奇策及游擊戰法，在豐臣秀吉的本隊到來之前持續讓島津軍煩惱不已。

舉例來說，在岡城往西八公里的地點，守衛馱原城的朝倉一玄（親次的重臣）在島津陣營的坂瀨豐前守攻過來時於城內放火，將建築物全數破壞，並偷偷率領守城兵從城內逃離。

坂瀨豐前守看到馱原城燒起來時，認為「這一定是對方出錯了（失火），快趁亂攻下來，大膽前進吧！」（《大友興廢記》），輕鬆奪取了馱原城。

但這座馱原城只是為了遠眺瞭望所建的要塞，脆弱的構造根本無法抵擋外來攻擊，換句話說，就是這個原因，朝倉才會故意將坂瀨軍誘入城中，並通知親次目前的狀況，從岡城調來一千五百人的援軍，回頭攻上馱原城。

因為城中的建築物都被燒掉了，完全沒有躲藏遮蔽處，所以島津的士兵一個接一個被擊殺。島津的大將坂瀨豐前守主從一行八人，為了保命從馱原城逃出，途中被困在深田中，被追擊的後藤大學與後藤市助追上，刺殺身亡。

還有在岡城西邊十二公里的笹原目城，由城代阿南三右衛門尉惟秀率領一百人左右的小隊駐守。襲擊這裡的是以白坂石見守為將領的六百島津軍。

阿南判斷跟人數六倍的敵人作戰難以取勝，便乖乖地對島津將領白坂開城投降，當時，阿南對白坂抱怨：

「將自己配置在人數這麼少的城，主君志賀親次根本是要看我死吧！」

很有技巧地取得對方的信任，甚至讓白坂任命他擔任笹原目城後門的守備。

之後阿南看到島津陣營有機可趁，便偷偷聯絡岡城，向志賀親次一一傳達當下情況。親次與阿南謹慎地討論戰術後，派遣中尾伊豆守、大森彈正為大將，帶領一千七百人前往笹原目城，而先殺到大守口的志賀軍，是後藤美作守所率領的步兵鐵砲隊五百人。

阿南建議白坂石見守：

「我很了解後藤這個人，他是個不會打仗的傢伙，出城將他趕走就好了。」

於是白坂打開城門讓後藤小隊攻擊，對方一下子就退卻了，還打不過癮的攻城兵受到誘惑，一個一個往外奔出，開始追擊。

但這其實是陷阱，志賀軍的伏兵正在埋伏等待，遭到襲擊之後，攻城兵接二連三倒下，這時守在後門的阿南惟秀轉而背叛島津軍，在城中放火，並從後門引導志賀軍進城。

白坂石見守認為勝利無望，試圖棄城逃亡，但被志賀軍的佐藤右京亮追擊，當場殺死。親次的部下們就這樣運用各種謀略，巧妙擊退了島津軍。

此外，志賀親次也如下述這般：

「好幾次讓忍者潛入（島津）義弘的陣營，在陣屋放火製造傷害。」

（《豐薩軍紀》）

他多次派忍者潛入敵將本陣，對陣屋〈※35〉放火，進行擾亂作戰。

而且他還安排了許多刺客和伏兵，捕捉散落在南部一帶的敵軍並加以襲擊殺害，讓對手陷入恐懼之中。

※35　鎮屋，平安時代負責宮中警護的衛士哨口，鎌倉時代則指戰爭時士兵的臨時軍營。

也因為這樣，島津義弘終於放棄攻打岡城，轉向其他地方。但是其他地方的大友家臣團卻都貪生怕死，沒怎麼抵抗就向島津氏投降。

連秀吉派遣的仙石秀久、長宗我部元親也被島津軍殺得大敗，四處竄逃，當主大友義統甚至捨棄豐後府內，逃到遠方的豐前國龍王城（現今大分縣宇佐市）。

因此在天正十五年（一五七八）正月，大友領地內敢於對抗島津軍且積極行動的，就只剩下志賀親次了。

—秀吉的九州征伐——百戰功高—

豐臣秀吉預計在同年三月實施九州征伐的計畫，看到如今大友氏的領國危如累卵，便向孤軍奮戰的志賀親次送了表彰狀，鼓勵他在援兵來之前繼續堅持下去。

到了二月，開始有傳言說秀吉大軍即將到來，豐後國內的氣氛有了改變。志賀親次趁著這股氣勢展開反擊。二月十五日，志賀軍攻下有一千五百名敵軍駐守的小牧城，打倒敵將丸田強兵衛；二十八日，在滑瀨之役擊破島津軍，奪回鬼城。

三月，期待已久的豐臣軍終於登陸豐後，不久在豐後四處侵犯了近半年的島津軍就迅速撤離，讓大友逃過滅頂之災。**秀吉多次表彰志賀親次，對於他的活躍稱讚不已。**而主君大友義統為了感謝他的作為，也從直入郡內分出一百零二貫的封地送給親次。

同年五月，島津氏不敵秀吉的大軍正式投降，至此，九州征伐終於結束，大友義統的豐後一國也安定了下來。但是在文祿二年（一五九三），義統因為朝鮮出兵之事處理不當，被奪走了全部的領地。

不過志賀親次並沒有隨著義統一起衰敗，秀吉對他的戰績高度評價，賜給他日田郡大井庄的一千石，改為侍奉豐臣家。豐臣家滅亡後，他還繼續侍奉福島正則、小早川秀秋；後來小早川家被剝奪了武士身分，他又被肥後的細川氏採用。

不論如何，在友軍一次又一次背叛，連主君都捨棄領國逃亡的情況下，志賀親次仍一個人面對大軍不被打敗，可說是鮮為人知又空前絕後的名將。

毛利輝元

再次追求成為統一天下之人的夢想？大坂之役的謀反計畫

—「你不具備統一天下的器量」—

有人認為毛利輝元曾試圖在大坂之役中謀反。

輝元是中國的霸者毛利元就的嫡孫，因為父親隆元於四十一歲英年早逝，所以在元就過世後，他很年輕便繼承了毛利本家。之後在叔父吉川元春和小早川隆景的輔佐下擴大版圖，成為豐臣政權權力核心的五大老之一。

據說他年輕時暗自有想統一天下的野心，因此小早川隆景在死前對輝元留下了這樣的遺言：

「雖天下動亂，請輝元不可興兵，只求堅守我國不失，乃因爾不具治天下之器量，若不謹守分際，興兵欲謀天下，或謀自國之外，恐失去眼前所有，危及自身。」

換句話說就是強烈警告他：「你不具備統一天下的器量，決不要妄想謀王圖霸。」但即便如此，輝元在那之後不到三年就應石田三成的邀請成為反家康派（西軍）的總大將。

吉川廣家（輝元的堂弟）事前發覺了這件事，為了提出諫言，他向本國派遣了使者，但輝元卻已前往大坂，廣家擔心這樣下去會讓毛利家滅亡，因此祕密與德川方聯繫，告訴家康三成的陰謀，並解釋：

「輝元被安國寺惠瓊（毛利家的外交僧）騙了！」

對此家康回信說：

「輝元對我來說就像兄弟一樣，不用擔心。」

在決定天下局勢的合戰中，輝元自己並沒有前往關原，而是以擁護豐臣秀賴為名守在大坂城。但是他以毛利秀元（輝元的堂弟）、吉川廣家、安國寺惠瓊為主將，派出了一萬八千大軍。

這場戰爭中，西軍用八萬四千人布陣設下包圍網，東軍則嘗試以七萬四千人突圍，如果全部的西軍一起攻下來，東軍應該會戰敗，但西軍中實際參戰的人卻不到三萬五千人，多數人都堅持只待在一旁，觀看後續的發展。

守在南宮山的毛利軍也是如此，雖然主戰派的惠瓊和秀元試圖下山，但先鋒吉川廣家卻頑固地一動也不動，不用說，當然是因為廣家私通東軍。

他未經輝元許可就送了人質到德川陣營，並得到德川重臣立誓的文書：

「如果在這場戰爭中可以看出毛利氏的忠節，毛利氏的領地也會安然無事。」

因此毛利軍沒有戰鬥就從關原回到大坂城的輝元身邊，準備迎擊東軍。

但是廣家拿出了德川重臣的「立誓文書」，說服輝元不要進行籠城戰，讓他從大坂撤退。

但家康在戰後卻沒有遵守與廣家的約定，宣告要全數沒收毛利的領地。廣家感到震驚而向德川方哭求，結果被允許只領有長門（現今山口縣西部）、周防兩地。

因此輝元除了被趕出根據地廣島，領地還減少到只剩原本的四分之一。

前功盡棄，錯失了雪恥的機會

之後數年間，輝元都苦於無法控制同族及重臣。在關原之戰時，家中分成了主戰派和家康派，人際關係嚴重惡化。

輝元雖然讓主戰派的秀元與家康派的廣家和親，命令雙方家臣交換同意消除嫌隙的起請文，還要求秀元和重臣益田元祥努力和解。

不過因為擁有領地的重臣，封地都被大幅削減，還必須搬到別的地方，許多人都非常不滿。

舉例來說，吉見廣長原本支配津和野，因受封的土地被削減，搬移到了長門萩指月山城（現今山口縣萩市），但後來幕府下令該城要成為毛利氏的居城〈※36〉，於是輝元便要求廣長搬遷，廣長一怒之下出奔江戶。

關原之戰時，廣長是最早和東軍私通的人，所以有收到家康的朱印狀表揚他的功勞，也因為這樣，他試圖藉著控訴輝元的失敗，在家康身邊謀職，但家康卻完全置之不理。這是因為，當輝元知道他脫離藩籍之後，透過德川秀忠的心腹和家康的愛妻阿茶局拚命以政治手段進行干預。

※36　居城，指領主平常居住的城，或是指領主作為據點的城。也稱為本城。

隔年，輝元誅殺反抗的重臣熊谷元直及其族人，並趁機要求八百二十名重臣提出對自己宣示忠誠的起請文。**家中管理如此困難，想必輝元對家康的怨恨一定越來越深吧！**

剛好在這個時候，德川家跟豐臣家的對立也到了勢同水火的狀態。關原之戰以來，豐臣家變成六十萬石的大名而漸趨沒落，可是舊豐臣系大名卻依然把豐臣家當成舊主，相當仰慕。加上當主秀賴成長為聰慧的英主，家康的繼承人秀忠卻相對平庸，因此年老的家康感到焦慮，擔心「自己死後，政權會被秀賴奪走」，所以決定要滅掉豐臣家。

慶長十九年（一六一四）十月，家康公開表示要襲擊大坂城，帶著大軍從駿府前往大坂，開啟了大坂冬之陣。

同月二十四日，輝元也收到了出兵邀請，但不知為何，卻一直等不到輝元出發。吉川廣家感到不耐煩，只好催促他要在十一月九日出兵。

到了十一月，輝元終於從萩出兵，接著從三田尻走海路到備前國的下津井，十七日進入兵庫，但到了西宮，毛利軍的行動卻停止了。主要是因為搭船的勞累讓輝元生病，所以毛利氏派遣井原元以到家康的陣地，請求輝元歸國。

家康同意讓輝元歸國，但條件是讓輝元的嫡子秀就代替盡速西進，並送次子就隆到江戶當人質。順帶一提，輝元的病應該不會致命，因為之後他還活了十年以上。

對毛利氏來說，這次的戰爭其實是洗刷關原之戰汙名的絕佳機會，但**當主輝元卻以自己生病為由而輕易放棄，真是令人失望的結果。**在那之後不久，德川、豐臣兩家曾短暫和好，不過立刻又決裂了，隔年的元和元年（一六一五）四月，開始了大坂夏之陣。

—預見「家康之死」所以在大坂之役遲到？—

但是輝元在夏之陣時的動向還是很奇怪。他自己稱病不出陣，又阻止作為先遣部隊的毛利秀元與德川軍合流。家康很讚嘆秀元的活躍，但輝元卻一直不讓毛利本隊出發。

此外，輝元之前派遣的家老福原廣俊及兒玉豐前的分隊也在兵庫停留，並未繼續前往大坂，結果毛利秀就所率領的本隊抵達西宮時，大坂城已經被攻陷了，家康

毛利氏系譜圖

被視為如磐石般支撐毛利家的兩川體制，
在輝元這一代開始動搖

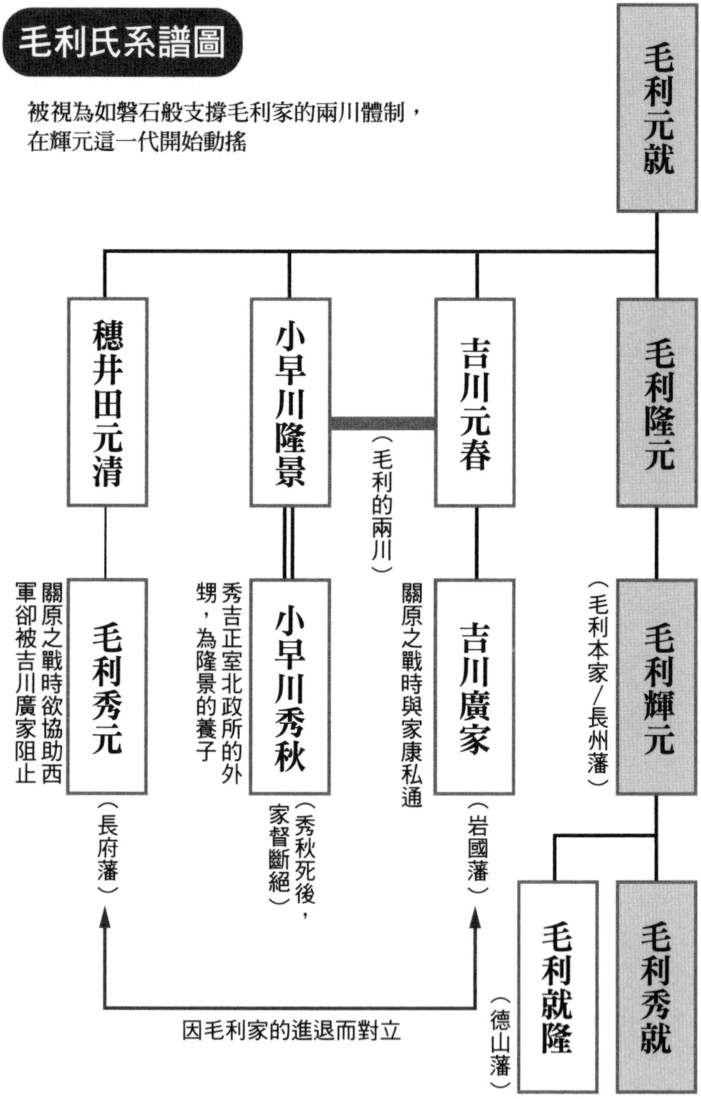

他離開了二條城。連秀就也著急地立刻拜訪家康，為遲到謝罪。

這樣的行為應該被嚴厲懲罰，但家康因為秀元令人讚嘆的活躍而赦免了輝元遲到的罪責。也有人說是家康自己故意讓毛利等外樣大名〈※37〉延遲出陣才會遲到，因為他擔心這些受過秀吉照顧的大名會幫助豐臣陣營。

但是先鋒的秀元軍非常準時地參加戰役，所以本隊參加戰役也並非不可能，輝元的判斷實在令人難以理解。

有人說輝元其實是預測了家康會死，所以才一直按兵不動。實際上德川本陣遭受到真田幸村猛攻，守護家康的護衛完全被打垮，家康的確差點就死了，且在當時也有人相信家康已死。

如果輝元事前知道真田小隊的突襲作戰，毛利氏的動向就不奇怪了。且令人驚訝的是，這件事還真有可能。

大坂淪陷之後，有一位名為佐野道可的浪人大將，被當成大坂陣營的殘黨逮捕。在調查他身分的過程中，知道了令人意外的事實。佐野道可其實是假名，他的本名是內藤元盛。這位內藤竟然是毛利的老臣宍戶元續的親弟弟，也是其叔父內藤隆春的養子，更是輝元賜予一萬石厚祿的重臣。

※37　外樣大名，日本江戶時代的大名分類之一。在忠誠與親密度上與德川家關係最不緊密的大名分類，只是單純的地方諸侯而已，有管理自身領地的權力，沒有參予幕府政治的權力，且受幕府嚴密監控。

也就是說，透過元盛，輝元想知道大坂陣營的消息是極為簡單的事。幕府當然非常重視這件事，不斷針對輝元私通一事審問元盛，但內藤元盛主張：「幫助豐臣陣營是自己的意思。」一直到最後都沒有鬆口。

即便如此，也沒有洗清幕府對他的懷疑，所以又從長州藩叫來了元盛的長子元珍和次子粟屋元豊，嚴厲地質問這件事。但兩人都強調不知情：

「跟父親的關係很差，一直斷絕往來，作夢也沒想到他會幫助豐臣陣營。」

幕府覺得再繼續問下去也沒有結果，於是終止了調查，讓元盛在山城國（現今京都府南部）鷲巢寺自殺，畫下這個玄疑的休止符。

─連家臣團都保密──輝元個人的謀反計畫─

但內藤元盛果然是接受了輝元的密令才會進入大坂城。根據《閥閱錄》記載，豐臣秀賴曾向毛利氏請求援助，輝元無法置之不理，因此派出了元盛。當時輝元提供黃金五百枚給元盛並約定，如果豐臣陣營勝利，將賞賜他十國。

元盛雖然還帶著幸田匡種、笠井重政、島田九郎兵衛等人，但知道實情的只有毛利秀元和元盛的兄長宍戶元續而已，是連同族的吉川廣家及重臣福原廣俊事先都不知情的機密事項。

也就是說，這次的計畫比較可能是出於輝元個人的意志。輝元應該是希望號稱天下堅城的大坂城可以承受住德川數年的攻擊，只要在這當中家康過世，就可以趁機逆轉形勢，自己也有機會取得天下，所以才將元盛送入大坂城。

如果真是如此，知道這個祕密的秀元在夏之陣的出色表現也就不難理解了。輝元一開始就計畫好，如果秀賴戰敗，毛利本隊遲到事可以藉此一筆勾銷，也算是先買了保險。

但是據《別本吉川家譜》記載，大坂夏之陣之前，元盛一事曾向同族和重臣透露，沒有參與事前討論的人都因此動搖，甚至很激動地說：「如果德川知道了，一定會影響到毛利的存亡，關係者秀元會被處刑，我們只能跟家康謝罪。」

知道這件事的吉川廣家不斷在家中調停奔走，並且為了團結，要求同族和重臣提出「對毛利本家沒有二心」的誓約書。

而輝元也在送內藤元盛往大坂城之際發誓：

會將嫡子元珍視為本家人照顧，也不會不管其兄弟的分家，一定會妥善照顧，毛利氏代代都會稟持意志來報答這分恩情，請不用擔心。」

但即便如此，元盛的兩個兒子在接受過幕府的調查回國之後，為了保守祕密，輝元還是殘酷地命令他們切腹。元和元年（一六一五）十月十九日，元珍在周防富海的瀧谷寺（現今山口縣防府市）自殺；同一天，粟屋元豊也在長門岩永自殺身亡。如此會讓靜靜死去的內藤元盛無法安心離世吧。

不管怎麼說，即使是在德川政權已穩如磐石的大坂之役中，毛利輝元仍對家康抱持著頗深的怨恨，甚至不惜對家臣保密，企圖祕密顛覆德川政權。而歷代藩主也一直繼承這個怨念，直到二百五十年後，毛利氏終於一償打倒德川家的宿願。

福島正則

如果參加了大坂之役？讓豐臣家再起的最後賭局

—因憎恨三成，才推舉家康成為天下之主的一席話—

豐臣秀吉出身低微後來才逐漸發跡，所以並沒有歷代家臣，而是從出生的村子及親族小孩中，選出聰明的少年培育成自己忠實的部下。

在這些號稱由秀吉一手帶大的武將當中，以在賤岳之戰大為活躍，被秀吉稱為「賤岳七本槍」的年輕人特別受到矚目。

而這七本槍之首便是福島正則。

據說正則是秀吉的生父彌右衛門的妹妹在永祿四年（一五六一）所生下的孩子，如果這是事實，他跟秀吉應該是表兄弟，不過目前都沒有發現相關證據，但兩人是親戚這點應該沒錯。

正則從攻打播磨國三木城初次上陣便贏得勝利之後，就不斷累積軍功，到了秀吉晚年，他被賜予尾張國二十四萬石，起家為清洲城主。

慶長五年（一六〇〇），德川家康征討上杉景勝的大軍在前往會津的途中，石田三成奉豐臣秀賴之命舉兵而起。

家康知道這件事後，立即召集並告知在下野國小山的諸將此事，讓他們自行選擇立場：「要在站在哪一邊是個人的自由。」

但周圍忽然完全靜了下來，畢竟多數人都有親人留在大坂做人質，且就算支持家康也不能保證勝利，因此大家都很猶豫。

開口說話打破寂靜的人是福島正則，他大喊：

「帶著妻子怎麼能踏上武士之道，應該為了內府（家康）捨棄生命，成為他的友軍。」（《德川實紀》）

正則非常憎恨受到秀吉寵愛、操弄權力的石田三成，所以是因為個人情感而說這些話，但最後卻決定了家康的勝利。諸將受到了正則的鼓舞，於是一同發誓要打倒三成。

若仔細研究當時的史料，完全可以理解家康贏得勝利、取得天下是如何地不容

易及危險，雖然是意外，正則這番話正好代表著同意推舉家康成為天下之主。

—二條城會見時召集了一萬大軍前往大坂城—

福島正則因關原之戰的戰功，封賞從尾張國清洲二十四萬石大幅增加到芸備（安芸、備後）二國四十九萬八千石。這次的論功行賞是由家康發起，代表與德川家成為主從的關係；另一方面，豐臣秀賴則跌落成為大坂的一大名（約六十萬石）。

恐怕就是在這個時候，福島正則才認知到自己那番話的重量。豐臣家明明對自己恩重如山，結果自己卻加劇秀賴的沒落。在家康確立大權之後，只有正則一個人毫不掩飾地表現出這種鬱悶。

他祕密取得受過秀吉恩惠的大名們「不刻意疏遠秀賴」的誓言，肆無忌憚地定期前往問候秀賴及北政所，當聽聞秀賴感染天花，也立刻從廣島趕來探病，很自然地表達對幕府的不滿。

另一方面，慶長十六年（一六一一）三月，家康在二條城與豐臣秀賴會面後，決定要消滅豐臣家。因為他看到秀賴的成長，所以對德川家的未來感到不安。

但並不是只有這樣，會見之際，秀賴的身邊是秀吉一手帶大的加藤清正，他像守護神一樣戒備著，城中還有以淺野幸長、池田輝政、大野治長為首，聚集著受過豐臣照顧的大名們。

福島正則這時候也在大坂，藉由病重引發大混亂，他以要做最後的告別為藉口，陸續召集領國的家臣前來，在大坂集結了總數一萬人的兵力，很明顯是在威嚇、牽制在京都的家康。雖然這次會見安穩落幕，但也讓家康知道，如果秀賴遭受危險，這些人會賭上性命守護他。

德川霸權確立之後過了十一年，政權看起來已相當穩定。

「也該是豐臣秀賴正式向德川家臣服的時候。」這才是這次會見的真正目的。

家康在這之前一直被豐臣家疏遠，掌握天下之後，家康讓秀賴晉升為內大臣中的右大臣，還將自己的孫女千姬嫁給他，把他當成族人對待，但秀賴的生母淀殿卻對家康採取敵對的態度，拒絕服從，所以這次家康才強制要求秀賴前來京都。

但卻意外暴露出豐臣系大名團結一致保護秀賴的實情，對家康來說倍感衝擊，理所當然也會讓他下定決心討伐豐臣氏。

幸運的是，二條城會面之後的一年間，池田輝政、淺野長政、堀尾吉晴、加藤清正、淺野幸長、前田利長等受過秀吉照顧的大名相繼過世，因為時間過於相近，甚至有傳言說是家康毒殺了他們。當然並非如此，這件事對家康來說，無疑讓他更積極征伐豐臣。

慶長十九年（一六一四）十月，家康在豐臣家重建的方廣寺（現今京都市東山區）佛鐘上留下了詛咒自己、自我批評的文句後，便率領大軍前往大坂。此時雖然受秀吉照顧的大名有近半數已去世，但仍有許多人還活著。

可是當中沒有任何一位願意犧牲自家，站到舊主這邊來反抗家康。他們都遵循幕府的命令，包圍起過去主家所據守的大坂城。

但是這當中一樣看不見福島正則，他並不是拒絕出戰，而是根本不被允許出戰。到目前為止，他一直都很露骨地表達出對豐臣家的支持，因此在冬之陣之前，他被任命留守在城中，明明白白地被軟禁在江戶。

這是家康直接的命令。在駿府的家康對竹中重利下令：

「如果你是福島左衛門大夫正則的知音好友，就到江戶去見正則，這次的大坂謀反，並不是秀賴內心想要如此，而是以有樂（信長之弟）為首的大野、渡邊等讒佞小人在一旁煽動。正則跟故太閤舊部交情很深，跟秀賴的往來也很密切，為了避

免世人懷疑，正則應該留在江戶、家人留在封地，長子備後守正勝前來大坂參戰，就這麼好好勸勸他吧。」（《德川實紀》）

所以家康像是在寬慰正則般：「都是秀賴身邊的人不好，你如果到大坂也會遭受懷疑，所以讓兒子來大坂，自己留在江戶就好了。」

實際上卻是將他軟禁在江戶。

「有煙硝味」的正則可以活下來的理由

那麼，如果正則前往大坂參戰，有可能會幫助秀賴嗎？

歷史不談「如果」，但若硬要說，雖然機會渺茫，不過有其可能性。

正則當然也不是笨蛋，他很清楚大坂陣營會輸，所以為了自家，要避免輕率的行動。但是他到目前為止都表現出對豐臣家盡忠的樣子，以他平時毫不掩飾情感的性格，在豐臣家滅亡之前，照理來說是否很有可能會忍不住對德川拔刀相向？

正因為擔心正則這種性格，家康才將他留在江戶。而被拘禁在江戶的正則表面上雖然配合，私底下卻有許多動作。

舉例來說，據說秀賴向他要走了他囤積在大坂家中約八萬石的大量米糧；他派出間諜在大街小巷收集戰爭的情報，還與秀賴的密使見面。特別是關於密使這一點，雖然他還是向幕府報告並交出收到的密信，但在密使離開時，他也向對方透露了德川的弱點，還傳授了作戰方式。

此外，**他強烈希望可以前往大坂去說服秀賴母子，但將軍秀忠卻不允許，這讓他非常生氣，寫了親筆信給領國內的家老福島丹波和尾關石見說：「不要管我的死活了，這才是我希望的。」試圖要他們在廣島起兵造反。**

但是，傳聞家臣討論之後，覺得造反不可行而放棄。

雖然不可置信，但也難以當成一般的傳聞一笑置之。在大坂冬之陣時，福島丹波的嫡子長門想帶著直屬部隊進入大坂城，雖然最後被藤堂高虎發覺並殺死，但是長門不顧父親反對也要奔向大坂陣營，唯一可能的理由就是正則私底下對丹波下了指示。總之，大坂跟廣島之間互相聯絡的可能性非常高。

此外，正則的弟弟高晴領有大和松山（現今奈良縣宇陀市）三萬石，他在冬之陣之前，被家臣控訴不義，惹惱了家康被要求蟄居，但有一個說法指出，所謂不義其實是私通大坂陣營，所以在夏之陣後被褫奪了武士身分。

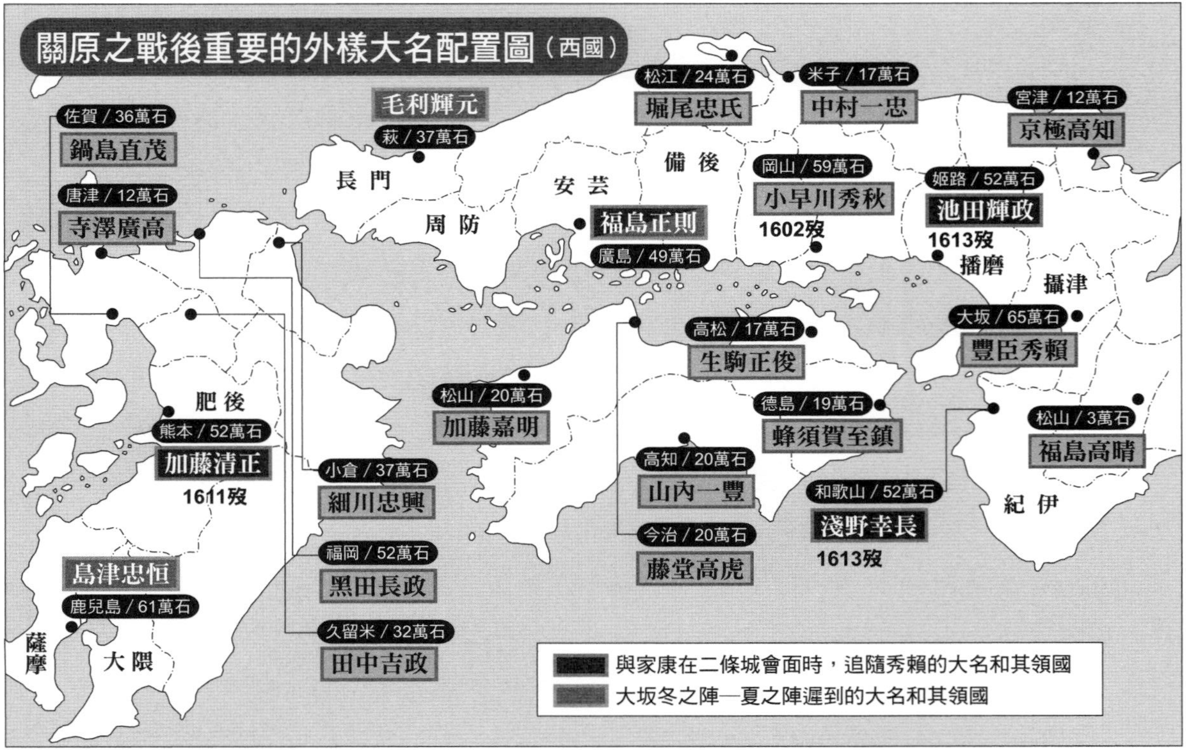
關原之戰後重要的外樣大名配置圖（西國）
佐賀 / 36萬石
鍋島直茂
唐津 / 12萬石
寺澤廣高
毛利輝元
萩 / 37萬石
長門
周防
安芸
福島正則
廣島 / 49萬石
備後
松江 / 24萬石
堀尾忠氏
米子 / 17萬石
中村一忠
岡山 / 59萬石
小早川秀秋
1602歿
宮津 / 12萬石
京極高知
姬路 / 52萬石
池田輝政
1613歿
播磨
攝津
大坂 / 65萬石
豐臣秀賴
高松 / 17萬石
生駒正俊
德島 / 19萬石
蜂須賀至鎮
松山 / 3萬石
福島高晴
紀伊
和歌山 / 52萬石
淺野幸長
1613歿
高知 / 20萬石
山內一豐
今治 / 20萬石
藤堂高虎
松山 / 20萬石
加藤嘉明
肥後
熊本 / 52萬石
加藤清正
1611歿
小倉 / 37萬石
細川忠興
福岡 / 52萬石
黑田長政
久留米 / 32萬石
田中吉政
島津忠恒
鹿兒島 / 61萬石
薩摩
大隈
與家康在二條城會面時，追隨秀賴的大名和其領國
大坂冬之陣—夏之陣遲到的大名和其領國

但嫡子福島正勝（之後的忠勝）所率領的正規軍，還是規規矩矩抵達了大坂。

但是《福島正則斷絕紀》（收錄在《蕗原拾遺第參輯》）中提到：

「兒備後守（正勝）雖然到了大坂，卻沒有想打仗的樣子，反而裝得很膽小，舉動很奇怪，又不像是要背叛的樣子。此外，備後守在京都調動超過需要數量的兵器。」

令人驚訝的是，福島軍在冬之陣中完全沒有戰意，還從京都祕密調來了大量的武器，也或許是因為這樣，福島氏在隔年的夏之陣中才沒有參戰。

雖然不知道原因，但在福島軍抵達的五月七日，大坂才剛淪陷，因此幕府給他們的處罰，是命令他們修復道路和堤防。如同前篇提到的，**毛利輝元也遲到了，或許正則跟隔壁領地的毛利輝元有交換祕密約定，視情況與大坂陣營配合夾擊德川軍也說不定。**

在大坂之役中，正則的周圍一直可以聞到煙硝味，但是福島氏在豐臣滅亡後，並未受到處罰而且領地也安然無事。不管是長門的事件還是高晴的罪過，他會受到牽連完全不令人意外，但家康直到過世為止都沒有處罰正則。

有傳說在大坂之役後不久，家康招來了正則，針對將他軟禁在江戶的事，跟他道歉：「將軍秀忠非常清楚你絕對沒有二心，安心回國吧，但之後如果有不滿，不要客氣，就舉兵造反吧。」

正則聽了之後放聲大哭。家康離開之後，他忍不住對旁邊的木多正純（家康的近侍）說：「雖然從沒有背叛的想法，但這些話還是讓我覺得好丟臉啊！」

家康聽到正純轉述後，回應道：「這樣很好，我就是想聽到這樣的話。」

原本正則的反幕府行動就是出自於對豐臣家的情感，現在秀賴已經過世，謀反的理由當然也就沒了，只要在這時候賣正則一個人情，讓他宣誓效忠，這個固執又情感豐沛的人就會成為德川家最好的守護者——老奸巨猾的家康一定是這樣想的。

但是二代將軍秀忠卻敵視正則，家康過世後不久，就以未經許可修築廣島城石垣的罪名褫奪他的俸祿，將正則流放到信濃國川中島。

九鬼嘉隆、守隆

為了家族的存續
父子拚命演出的鬧劇

—憎恨家康的父親嘉隆—

以伊勢志摩（現今三重縣的一部分）為根據地的大名——九鬼嘉隆、守隆父子，在慶長五年（一六〇〇）這場決定天下大勢的戰役中，和前田家一樣，為了延續自身血脈而游走於敵我雙方。但是跟其他例子不同，他們是父子互鬥，可以說是戰國時代才有的悲劇。

其實九鬼氏源出於何處沒人知道，據說應該是以志摩半島為據點的海盜，從室町時代之後逐漸成為伊勢海盜眾的盟主，透過守護勢力的結合不斷擴張勢力範圍。

九鬼嘉隆的名字出現在歷史上，是天正二年（一五七四）織田信長攻打伊勢長島本願寺信徒暴動一向一揆〈※38〉時。根據《信長公記》的記載，當時嘉隆率領「安

※38　一向一揆，日本戰國時代淨土真宗（一向宗）本願寺派信徒所發起民變之總稱。

宅船」（大型戰艦）作為信長陣營的水軍參加作戰。

原本嘉隆是九鬼一族的旁支，但因為跟信長合作，勢力迅速擴大，之後便使計消滅了嫡系的外甥澄隆，又誅殺他的女婿鳥羽主水，才讓自己躋身主流。某種意義來看，他也算典型的戰國梟雄。

嘉隆的名字之所以傳揚天下，乃是因為天正六年（一五七八）十一月的海戰。號稱無敵的毛利水軍六百艘戰船，想運送糧食給被信長包圍的石山本願寺，卻遭到九鬼軍的迎擊。他們只靠七艘作為主力的鐵船（有鐵板裝甲的巨大安宅船），就將毛利水軍打得體無完膚，徹底粉碎。

這次的戰功讓嘉隆的封賞增加了七千石，躋身為領有志摩國三萬五千石的戰國大名。而且在信長死後，又繼續侍奉豐臣秀吉，成為豐臣水軍的核心，在紀州（現今和歌山縣）的根來征伐、九州平定、小田原征伐都非常活躍。在文祿之役中，更成為日本水軍總帥，以巨大軍艦日本丸為旗艦奮勇作戰。

慶長二年（一五九七），已經五十五歲的嘉隆退隱，將家督讓給嫡子守隆。秀吉死後，守隆就試著接近豐臣政權中權力最大的德川家康。慶長五年（一六〇〇）六月，家康為了討伐上杉景勝前往會津，家臣團也一同隨行。

但是到了隔月，家康率領大軍前往會津的途中，石田三成、毛利輝元等舉兵。石田三成派遣使者來到退隱的嘉隆身邊，想勸說他加入自己的陣營，同時提出破格的條件——勝利之後會將伊賀、伊勢、紀伊三國送給嘉隆。

但是嘉隆以當主守隆跟家臣都追隨家康，自己年事已高等理由，堅定地回絕了邀請。

不過三成並沒有放棄，又派出嘉隆的女婿、已經加入三成陣營的新宮城（現今和歌山縣新宮市）城主堀內氏善到嘉隆身邊，希望他幫忙說服嘉隆。到了這個地步，嘉隆終於決定加入三成陣營（西軍）。

其實嘉隆私底下憎恨家康。支配伊勢國田丸（現今三重縣度會郡）的岩出城主稻葉道通，想利用海運將自家領地出產的木材送到上方，不管怎樣都必須經過九鬼氏所領有的伊勢國，因此不得不向九鬼氏繳納通行稅。

但是秀吉死後，家康掌握了豐臣政權的實權，應道通的要求免除了納稅。所以嘉隆不但怨恨家康，還憎恨稻葉道通。因此嘉隆投向石田三成後最初的行動，就是攻打道通所在的岩出城。

九鬼守隆得知領國內父親的行動後當然非常驚訝，家康聽聞嘉隆的行為後，立刻叫來了守隆，憤怒地說：

「這時候你的父親竟然跟石田治部（三成）一同謀反，快前往鳥羽去砍了你父親的腦袋！」（《志摩軍記》）

守隆試圖解釋，但家康只說了：「快點派出砲手吧！」完全不聽任何解釋，就起身離開。

守隆沒有辦法，只好討伐父親，便脫離戰場返回志摩國。這時候，嘉隆已經占據了守隆的居城鳥羽城（現今三重縣鳥羽市）。守隆試圖說服嘉隆不要跟隨三成，並要求他歸還鳥羽城。

但是嘉隆拒絕了兒子的要求。於是守隆便將本陣設置在安乘村（現今三重縣志摩市），準備攻擊鳥羽城。另一方面，他又和西軍的桑名城主氏家行廣來來回回打了好幾場海戰，將奪下的十三顆首級立刻送去給家康。

九月七日，家康收到首級後非常高興地說：「這是最棒的首級！」並給守隆表彰狀和其他賞賜。

關原之戰是九月十五日，所以在這個時間點依然勝負未明，可以很明顯地感受到家康想透過大肆誇讚守隆來拉攏九鬼氏，讓九鬼氏確實加入自己的陣營。

—九鬼一族的內鬥明顯是作假？—

在這當中，守隆不斷試圖說服父親嘉隆，但進展相當有限，終於不得不開始攻擊鳥羽城。這場戰爭看起來不像是真打。根據《志摩軍記》的記載，嘉隆這邊竟然是「架在弓柄上的箭沒有羽根，鐵砲雖然在擊發跟裝填彈藥，但只聽到空砲的聲音。」意即箭沒有箭尾，鐵砲只擊出空包彈。

至於守隆方面，家康為了監視他的行動，派出了池田輝政的家臣石丸雲哲，因為有人看著，無奈之下，他只能使用實彈，但也是打得零零落落，刻意慢慢打以爭取時間，以了解東海地方的東西軍主力目前形勢。

膠著的狀態持續了好幾天，九月十五日傳來關原之戰西軍敗退的消息，嘉隆立刻逃出鳥羽城，而守隆竟然就這麼看著父親逃跑，不知所蹤。從旁人的角度來看，九鬼一族的內鬥，很明顯是作假，也可以說是一場鬧劇，但對九鬼氏來說，卻是為了自家生存的搏命戰。

之後嘉隆也前往堀內氏善所在的新宮城，但卻被同城的東軍桑山一晴攻下。嘉隆不得已只好又返回志摩國，躲藏在答志島（現今三重縣鳥羽市）。

守隆雖然持續搜索隱居在答志島的父親，卻也沒有對該島發動攻擊。

總之，守隆奪回鳥羽城、讓家臣團再次統一後就迅速趕去晉見在伏見的家康。不久之後，家康對關原之戰論功行賞，守隆被賜予南伊勢五郡二萬石。

─與父親的首級不期而遇──晚了一步的赦免狀─

守隆雖然解釋了自己領國內的事，想換取父親的免罪，但家康一開始並不同意，還命令守隆逮捕嘉隆。但是守隆無論如何都想拯救父親的性命，過了一陣子，又再次哀求家康饒恕父親：

「我願意返還追封的二萬石，無論如何請赦免我的父親。」

當時，作為東軍先鋒相當活躍的福島正則和池田輝政也對家康提出讓嘉隆免罪的請求，因此家康終於同意了守隆的哀求，對九鬼嘉隆發出了赦免狀。

守隆非常高興，立刻派遣使者將赦免狀送給嘉隆，但這個時候，嘉隆已經不在人世了。嘉隆剃度出家，在答志島的潮音寺蟄居，到寺裡拜訪的家臣豐田（戶井田）五郎右衛門說了這樣的話：「家康不願意原諒你。」

豐田不知是從哪裡得到這個情報，根據《鳥羽誌》的記載，豐田是過去曾被嘉隆放逐的家臣，他「發覺嘉隆在答志，想殺了他以解自己心中的怨恨，所以欺騙了嘉隆。」

但這個說法不太可信，豐田應該是嘉隆的近侍，是嘉隆自己祕密派到上方去收集情報的，但回來的豐田卻向嘉隆傳達了舊的情報。

也有可能是豐田為了一族的考量，自己判斷應該要勸嘉隆自殺也說不定。總之，這時候嘉隆也做好了覺悟。

慶長五年十月十二日，嘉隆進入潮音寺的別院洞仙庵，唱著「南無利劍即是彌陀」，切腹自殺，介錯〈※39〉由女婿青山豐前守執行。青山豐前守奉持著嘉隆的首級前往伏見，諷刺的是，當他在伊勢國的明星茶屋休息，遇到了守隆派來送赦免狀的使者。

守隆看到父親遺骸後嘆道：「驚嘆椎心泣血。」（《鳥羽誌》）並逮捕勸嘉隆切腹的豐田五郎右衛門。據說他被處以鋸刑。

另外，與父親一起行動的四個兒子（主殿助、五郎七、五郎八、五郎九郎）中，五郎七在嘉隆死後隔天自殺，五郎八十月十五日也在答志島自殺，主殿助則在

※39　介錯，在日本切腹儀式中為切腹自殺者斬首，以讓切腹者更快死亡，免除痛苦折磨的行為過程。執行介錯過程者稱為「介錯人」。

浦村（現今三重縣鳥羽市浦村町）自殺身亡。

只有五郎九在朝熊（現今三重縣伊勢市）的金剛寺成為僧侶，為父兄祈福，後年改名為裕慶，擔任該寺的住持。

這場決定天下局勢的戰爭中，九鬼一族分成兩方，最後以一方自殺的悲劇收場，但嘉隆高潔地負起責任，給家康留下很好的印象，追封守隆二萬五千石，讓他成為五萬五千石的大名。

Note

Note

國家圖書館出版品預行編目資料

歷史勝利者的黑幕：細說被誤解的日本戰國史 / 河合敦作；林貞嫻譯. -- 初版. -- 新北市：世潮, 2020.2
面；　公分. --（閱讀世界；28）
ISBN 978-986-259-064-5（平裝）

1.戰國時代　2.日本史

731.254　　108021098

閱讀世界 28

歷史勝利者的黑幕：細說被誤解的日本戰國史

作　　者 / 河合 敦
譯　　者 / 林貞嫻
主　　編 / 楊鈺儀
編　　輯 / 陳怡君
封面設計 / Chun-Rou Wang
出 版 者 / 世潮出版有限公司
地　　址 / (231)新北市新店區民生路19號5樓
電　　話 / (02)2218-3277
傳　　真 / (02)2218-3239（訂書專線）、(02)2218-7539
劃撥帳號 / 17528093
戶　　名 / 世潮出版有限公司
世茂官網 / www.coolbooks.com.tw
排版製版 / 辰皓國際出版製作有限公司
印　　刷 / 世和彩色印刷有限公司
初版一刷 / 2020年2月

ＩＳＢＮ / 978-986-259-064-5
定　　價 / 320元

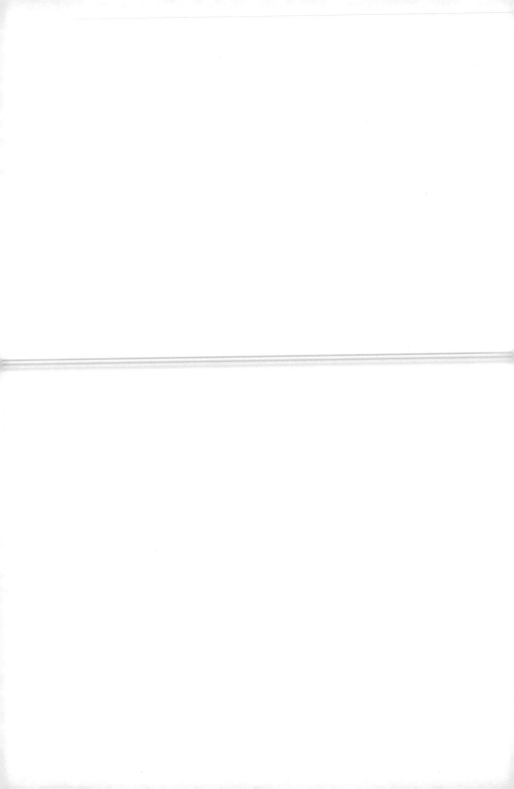